U0642164

高等教育旅游专业新型活页式教材

多彩贵州

研学旅行课程资源

主 编　何晓红　龙明珠

副主编　龙　珠　邱祥彬　孙光田

华中科技大学出版社
http://press.hust.edu.cn
中国·武汉

内容简介

本教材包含丰富的研学项目,涵盖自然景观、历史文化、民族风情等多个方面,精心分类整理成红色研学旅游资源、绿色研学旅游资源、多彩民族文化旅游资源以及其他文化等课程资源,深入剖析贵州的研学资源和研学特色。本教材为中高协同共编教材,充分利用了贵州地区丰富的自然和人文资源,为初、高中学生提供了共同的研学平台。

图书在版编目(CIP)数据

多彩贵州研学旅行课程资源 / 何晓红,龙明珠主编 .—武汉：华中科技大学出版社,2024.9
ISBN 978-7-5680-9666-9

Ⅰ . ①多…　Ⅱ . ①何… ②龙…　Ⅲ . ①贵州—概况—中小学—教学参考资料　Ⅳ . ① G634.593

中国国家版本馆 CIP 数据核字 (2023) 第 162934 号

多彩贵州研学旅行课程资源　　　　　　　　　　　　　　　　何晓红　　龙明珠　主编
Duocai Guizhou Yanxue Lüxing Kecheng Ziyuan

策划编辑：江 畅
责任编辑：刘小雨
封面设计：孢 子
责任校对：张会军
责任监印：朱 玢
出版发行：华中科技大学出版社（中国·武汉）　　　电话：（027）81321913
　　　　　武汉市东湖新技术开发区华工科技园　　　邮编：430223
录　　排：武汉创易图文工作室
印　　刷：武汉科源印刷设计有限公司
开　　本：787 mm×1092 mm　1/16
印　　张：9.5
字　　数：243 千字
版　　次：2024 年 9 月第 1 版第 1 次印刷
定　　价：62.00 元

前言 Preface

  贵州，这片神秘与多彩的土地，以其独特的山水风光和深厚的民族文化，成为研学旅行的理想之地。笔者精心整合了贵州的优质资源，推出多彩贵州研学旅行课程，旨在为同学们提供一次难忘的学习体验。

  本教材包含丰富的研学项目，涵盖自然景观、历史文化、民族风情等多个方面，精心分类整理成红色研学旅游资源、绿色研学旅游资源、多彩民族文化旅游资源以及其他文化等课程资源，深入剖析贵州的研学资源和研学特色。本教材为中高协同共编教材，充分利用了贵州地区丰富的自然和人文资源，为初、高中学生提供了共同的研学平台。通过共同的研究课题和实践活动，初、高中学生可以在同一项目中进行交流、合作和分享，实现资源共享和优势互补。

  本教材在编著过程中使用了部分图片，在此向这些图片的版权所有者表示诚挚的谢意！由于客观原因，我们无法联系到您。如您能与我们取得联系，我们将在第一时间更正任何错误或疏漏。

目录 Contents

模块一

研学旅行相关政策解读

2016年11月30日，教育部等11部门发布《关于推进中小学生研学旅行的意见》（以下简称《意见》），旨在贯彻落实党的十八大和十八届三中、四中、五中、六中全会精神，深入学习贯彻习近平总书记系列重要讲话精神，秉承"创新、协调、绿色、开放、共享"的发展理念落实立德树人根本任务，帮助中小学生了解国情、热爱祖国、开阔眼界、增长知识，着力提高他们的社会责任感、创新精神和实践能力。中小学生研学旅行是由教育部门和学校有计划地组织安排通过集体旅行、集中食宿方式开展的研究性学习和旅行体验相结合的校外教育活动，是学校教育和校外教育衔接的创新形式，是教育教学的重要内容，是综合实践育人的有效途径。研学旅行要遵循以下四个基本原则。

（1）教育性原则。研学旅行要结合学生身心特点、接受能力和实际需要，注重系统性、知识性、科学性和趣味性，为学生全面发展提供良好成长空间。

（2）实践性原则。研学旅行要因地制宜，呈现地域特色，引导学生走出校园，在与日常生活不同的环境中拓展视野、丰富知识、了解社会、亲近自然、参与体验。

（3）安全性原则。研学旅行要坚持安全第一，建立安全保障机制，明确安全保障责任，落实安全保障措施，确保学生安全。

（4）公益性原则。研学旅行不得开展以营利为目的的经营性创收，对贫困家庭学生要减免费用。

通过以上内容，可以归纳出研学旅行的内涵和外延包括以下关键内容。

首先，研学旅行是由教育主管部门和学校有计划地组织安排的。这里强调的组织方是教育主管部门和学校。由其他单位组织的或指导推动的其他旅行活动不在中小学生研学旅行范围之内。

其次，研学旅行是有计划地组织安排的。这意味着要把研学旅行纳入学校教育教学计划，促进研学旅行和学校课程有机融合。高中年级学生参与研学旅行，要逐步与学分挂钩。国内大部分地区的学校会提前半年左右开始对外发布招标信息。

最后，研学旅行属于校外教育活动。这意味着研学旅行要走出学校开展活动，但校外的一些兴趣小组、俱乐部的活动不属于研学旅行。

模块二

红色研学旅游资源

项目一 红色研学旅游资源的概述

● 案例导入

过往的历史也是红色研学旅游资源吗?

1995年9月3日,"贵州人民抗日战争纪念碑"在贵阳北郊的海天园揭幕。全碑高23米,基座高2.8米,主体以一支竖立的步枪为基本造型,步枪的基部变型转折形成"犁"的形状,上面安放着汉白玉雕刻的和平鸽。在红色大理石碑体上,镌刻着秦天真题写"贵州人民抗日战争纪念碑"11个鲜红的大字。碑的基座背面,有倡议建筑这座纪念碑的七个单位署名的碑记。环绕纪念碑左右两侧的是用杨柳青大理石雕刻的32米长的浮雕。整个建筑气势恢宏、主题鲜明。纪念碑前的广场,可供人们举行祭扫和瞻仰集会。

思考:阅读上述案例,想想这是红色研学旅游资源吗?自己的家乡或学校所在地附近有哪些红色研学旅游资源?

一、学习目标

1.知识目标

(1)认识、了解红色研学旅游资源。

(2)掌握红色研学旅游的概念。

(3)掌握红色研学旅游资源的历史来源。

2.能力目标

能够发扬红色文化,推动红色文化保护与红色旅游发展。

3.思政目标

(1)培养学生保护红色研学旅游资源的意识。

(2)培养学生的爱国情怀和新的时代精神,了解革命历史,学习革命斗争精神。

二、任务分析

1.重点

掌握红色研学旅游资源的历史来源。

2.难点

让学生了解红色研学旅游资源的历史,掌握红色研学旅游资源的意义

三、任务描述

(一)红色旅游资源的概念

红色旅游资源是指能够作为红色旅游活动的载体,具有旅游吸引力和旅游开发价值,集革命传统文化教育、先进文化传播、旅游经济拓展等价值和功能于一体的特殊的主题式历史文化资源。

（二）红色研学旅游的概念

由学校根据区域特色、学生年龄特点和各学科教学内容需要,组织学生通过集体低碳旅行、集中食宿的方式走出校园,在与平常不同的生活中拓展视野、丰富知识,增强学生的切身体验,增加学生对集体生活方式的体验,提高学生的社会公共道德感。

（三）红色研学旅游资源的特点

红色研学旅游资源具有以下特点。

1.学习性

红色研学旅游资源的学习性主要是指以学习中国革命史为目的,以旅游为手段,学习和旅游互为表里。但是,这种学习不宜做成灌输式的"现场报告会",应营造出自我启发的教育氛围,在"游中学、学中游",达到寓教于游、润心无声的境界。

2.教育性

红色研学旅游资源应注重教育意义,使学生对革命历史和革命人物有更深刻的认识和体悟。通过红色研学旅游活动,学生可以学习到真理、纪律、荣誉、奉献等优秀品质,培养和增强国家意识和民族精神。

3.传承与创新

红色研学旅游资源在传承革命传统的同时,注重创新,运用现代科技手段(如虚拟现实、全息影像等),将革命历史生动形象地呈现给学生,增强了参与的体验感和参与者的兴趣,推动革命精神与新时代相融相通。

四、相关知识链接

(1)红色旅游:https://baike.so.com/doc/5346731-5582178.html

(2)生态旅游:https://baike.so.com/doc/1785354-1888033.html

五、任务分组

学生任务分配表

班级		组号		指导教师	
组长		学号			
组员	姓名	学号	姓名		学号
任务分工					

六、任务实施

任务工作单

组号：＿＿＿＿＿＿＿＿　　姓名：＿＿＿＿＿＿＿＿　　学号：＿＿＿＿＿＿＿＿

引导问题：

(1)请列出红色研学旅游资源的历史意义。

(2)什么是红色研学旅游资源？

(3)你在红色研学旅游中能够学到什么？

七、评价反馈

个人自评表

组号：_____ 姓名：_____ 学号：_____ 班级：_____ 组名：_____ 日期：____年__月__日

评价指标	评价内容	分数	分数评定
信息检索	能有效利用网络、图书资源、字典等查找相关信息	5分	
感知课堂生活	熟悉、认同课堂学习氛围； 在学习中能构建课堂生态文化	5分	
参与态度	能积极主动与教师、同学交流，相互尊重、理解； 与教师、同学之间能够保持多向、丰富的信息交流	15分	
	能处理好合作学习和独立思考的关系，做到有效学习； 能提出有意义的问题或能发表个人见解	15分	
知识、能力掌握	了解红色研学旅游资源的历史	20分	
	能列举红色研学旅游资源历史意义； 能写出红色研学旅游资源地的导游词	20分	
思维态度	能发现问题、提出问题、分析问题、解决问题	10分	
自评反馈	能按时保质完成任务； 能较好地掌握知识点； 具有较强的信息分析能力和理解能力； 具有较为全面、严谨的思维能力，并能条理清晰地表达成文	10分	
自评分数			
有益的经验和做法			
总结反馈建议			

组内互评表

组号：_____ 姓名：_____ 学号：_____ 日期：_____年__月__日

验收组长	
验收成员	
验收资料清单	（被验收人完成的任务工作单）

评价指标	评价内容	分数	分数评定
参与态度评价	该同学能积极主动与教师、同学交流，相互尊重、理解；与教师、同学之间能够保持多向、丰富的信息交流	15分	
	该同学能处理好合作学习和独立思考的关系，做到有效学习；能提出有意义的问题或能发表个人见解	15分	
知识、能力掌握评价	该同学能了解红色研学旅游资源的历史	30分	
	该同学能认识红色研学旅游资源的意义	40分	
评价分数			
有针对性的改进建议			

项目二　红色研学旅游资源的简介

● 学习导读

什么是红色旅游？红色旅游的意义体现在哪些方面？树立和落实以人为本、全面协调可持续的科学发展观的具体体现,发展红色旅游,对于加强革命传统教育,增强全国人民特别是青少年的爱国情感,弘扬和培育民族精神,带动革命老区经济社会协调发展,具有重要的现实意义和深远的历史意义。通过红色旅游,感受先烈们的爱国精神和民族气节,从而激发爱国热忱,产生强烈的民族认同感和献身民族伟业的责任感。

一、学习目标

1. 知识目标

了解并掌握贵州的红色旅游资源。

2. 能力目标

写出贵州红色研学旅游资源的相应导游词。

3. 思政目标

培养学生具备旅游资源保护意识并弘扬红色研学旅游资源文化。

二、任务分析

1. 重点

了解贵州众多红色旅游资源。

2. 难点

掌握贵州红色研学旅游资源。

三、贵州的红色研学旅游资源

1. 遵义会议会址

遵义会议会址,位于贵州省遵义市红花岗区子尹路96号,原系国民党军第二十五军第二师师长柏辉章的私邸。该建筑建于20世纪30年代初,由主楼和跨院两部分组成。主楼坐北朝南,为砖木结构、中西合璧的两层楼房。

1935年1月初,中国工农红军长征到达遵义后,中华苏维埃共和国中央革命军事委员会总司部与一局(负责作点)即驻在这幢楼房里。1月15日至17日,遵义会议(即中共中央政治局扩大会议)就在主楼二楼的小客厅内举行。这次会议确立了以毛泽东为代表的新的中央领导集体。遵义会议成为中国共产党历史上的一个生死攸关的转折点。

站在二层小楼的走廊上,可远眺四周苍翠挺拔的红花岗、插旗山、玉屏山、凤凰山等。遵义会议会址现属遵义会议纪念馆。遵义会议纪念馆主要包括遵义会议会址、遵义会议陈列馆两大景点。遵义会议纪念馆是为纪念中国共产党历史上具有伟大历史意义的遵义会议而建,为国家 4A 级旅游景区、国家一级博物馆,入选《全国红色旅游经典景区名录》,是贵州著名的红色旅游景区之一。

"长征精神诲育千秋,遵义会议永放光芒"。六十多年来,遵义会议纪念馆不断弘扬遵义会议精神,拓展爱国主义教育功能,充分发挥社会主义教育基地作用。1993 年,其被国家文物局选定为"全国第一批十个优秀社会教育基地"。1995 年,被共青团中央公布为"全国青少年教育基地"。1996 年,被国家教育委员会、共青团中央、国家文物局、文化部、民政部、解放军总政治部公布为"全国中小学爱国主义教育基地"。1997 年 6 月,被中共中央宣传部公布为"全国爱国主义教育示范基地"。2017 年 12 月,被教育部办公厅授予"第一批全国中小学生研学实践教育基地"。

2. 四渡赤水纪念馆

四渡赤水纪念馆坐落于中国历史文化名镇——习水土城,是为纪念中国工农红军长征中精彩绝伦的四渡赤水军事行动而建,是贵州著名红色旅游景点之一。四渡赤水纪念馆包括四渡赤水纪念馆主馆、中国女红军纪念馆、红军医院纪念馆、红九军团陈列馆、贵州航运博物馆、赤水河盐文化陈列馆、千年古镇土城博物馆等馆群，以及毛泽东、周恩来、朱德的住居，红军总司令部驻地，红军总参谋部驻地，红三军团司令部驻地，土城老街红军驻地，青杠坡战斗遗址，土城渡口纪念碑和二郎滩、淋滩渡口等十多处全国重点文物保护单位。

四渡赤水纪念馆由中央军委原副主席张震题写馆名。纪念馆为黔北民居结构，主馆展厅建筑面积 620 平方米，展线分为战史陈列和辅助陈列两部分。战史陈列分为土城战役、四渡序曲，一渡赤水、扎西整编，二渡赤水、再占遵义，三渡赤水、调虎离山，四渡赤水、出奇制胜等五个篇章，翔实地再现了红军 1935 年 1 月遵义会议后在毛泽东等同志的领导下，四次飞渡赤水河，至 5 月 9 日渡过金沙江，取得战略转移伟大胜利的光辉历史，凸显了四渡赤水的"神"与"奇"。辅助陈列包括"四渡赤水精神，光耀革命老区"专题书画展，彭德怀、杨尚昆同志住室复原等。馆内收藏红军文物 300 余件。

四渡赤水纪念馆现为全国爱国主义教育示范基地，全国青少年教育基地，国家国防教育示范基地，国家 4A 级旅游景区。2018 年 9 月，经中国博物馆协会决定同意四渡赤水纪念馆为国家二级博物馆。2020 年 12 月，被评定为第四批国家一级博物馆。

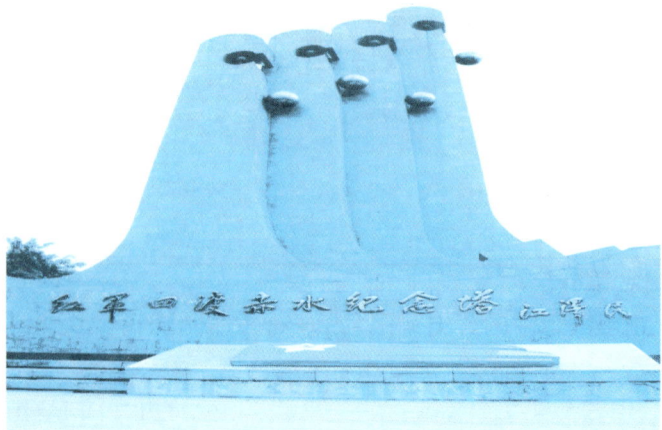

3. 娄山关景区

娄山关又名娄关、太平关,是大娄山脉的主峰,海拔 1576 米。娄山关上千峰万仞,重崖叠峰,峭壁绝立,若斧似戟,直刺苍穹,川黔公路盘旋而过。自古被称为黔北第一险隘,历来为兵家必争之地,素有"一夫当关,万夫莫开"之说。

1935 年 1 月 7 日,红军长征途中占领遵义。黔军王家烈、侯之担闻讯,慌忙调兵遣将,在娄山关一带设防。为确保遵义会议的胜利召开,建立以遵义为中心的"川黔边革命根据地",中央军委命令红一军团第二师第四团攻占娄山关,以防御川南之敌向遵义进犯。1 月 9 日,红军从关南发起总攻,迅猛杀上娄山关,战斗大获全胜。2 月 25 日凌晨,红军与敌军为争夺关口展开激战。敌人凭险据守,红军向黑神庙猛烈攻击,并在点灯山急调部队从东侧迂回,歼灭敌军四个团。随后又乘胜追击,击败敌军两个师。娄山关战役是红军长征以来的首次大捷。娄山关景区是贵州红色旅游的标志性景区,入选《全国红色旅游经典景区名录》全国一百个"红色旅游经典景区"名单。娄山关景区还是国家 4A 级旅游景区,打造了"娄山关十景",即落虹梯霞、词林硕望、长空云扬、鸣雁塔影、娄山雄关、晓雾晨霜、光风雾月、西风怀古、观海听涛、残阳夕照。毛主席曾在这里写下了著名的诗篇《忆秦娥·娄山关》:西风烈,长空雁叫霜晨月。霜晨月,马蹄声碎,喇叭声咽。雄关漫道真如铁,而今迈步从头越。从头越,苍山如海,残阳如血。

4. 王若飞故居(陈列馆)

王若飞故居(陈列馆)位于安顺市中华北路 22 号,是我国老一辈无产阶级革命家王若飞同志出生和居住过的地方,也是纪念和展示王若飞同志光辉事迹的专题性陈列馆。全部陈列共分8个部分,目前展览图片资料为201幅,实物资料81件,以王若飞"一切要为人民打算"的为民情怀为布展主线,从多角度、多侧面展现了王若飞同志在各个不同时期的经历和参与的重大历史事件,突出了王若飞同志的历史地位和作用。如今,王若飞故居(陈列馆)是全国爱国主义教育基地、全国红色旅游经典景区、国家国防教育示范基地、贵州省爱国主义教育基地、贵州省文物保护单位、全省廉政教育文苑基地,是弘扬爱国主义精神和传播精神文明的重要阵地。

5. 黎平会议纪念馆

黎平会议会址在黎平县城的二郎坡,它是晚清修建的民居建筑,两端有高大的封火墙,房屋面宽五间。正中有一座门楼,两边为铺面,当年是胡荣顺商号。走进门楼,里面是一个大院,有9个大小不同的天井,建筑面积近800平方米。1934年底,中央红军由湖南通道进入贵州,占领黎平后,总司令部就设于此。12月18日,中共中央政治局在此召开会议,史称"黎平会议"。这是红军离开江西后召开的一次重要会议,在紧要关头改变红军的战略方针,变被动为主动,为遵义会议的召开奠定思想和组织基础。这座普通的民居,因"黎平会议"而变得重要。黎平会议纪念馆入选《全国红色旅游经典景区名录》,被评为全国重点文物保护单位名单、全国爱国主义教育示范基地、全国青少年爱国主义教育基地、国家国防教育示范基地、中国人民解放军火箭军"理想信念教育基地"、全国关心下一代党史国史教育基地等。

6. 息烽集中营革命历史纪念馆

息烽集中营革命历史纪念馆,始建于1997年,位于息烽县永靖镇阳朗坝。息烽集中营是抗日战争时期国民党军统特务机关(以下简称军统)设立的专门关押共产党人和爱国进步人士的规模最大、管理最严、级别最高的一所秘密监狱,与重庆白公馆、江西上饶集中营共同列为抗战期间国民党设立的三大集中营。

纪念馆为两层,分为序厅,四个展示厅和缅怀厅六个部分,另有文物档案室、报告厅等配套设施。序厅以"烽火不息"为主题,对展出内容作了概括,一展厅主要介绍军统在息烽的历史背景和息烽集中营的历史沿革,二展厅主要介绍狱中关押过的共产党员和革命志士的生平,三展厅主要介绍中共狱中地下支部领导共产党员和爱国志士在狱中同国民党反动派英勇斗争的光辉史实,四展厅主要介绍幸存者的回忆和开馆以来的教育活动开展情况,缅怀厅是缅怀革命先烈的主要活动场地,报告厅放映专题片《烽火不息》供参观者观看。纪念馆先后被评为全国爱国主义教育示范基地、全国廉政教育基地、国家国防教育示范基地、"全国中小学生研学实践教育基地"等。

7. 晴隆史迪威二十四道拐景区

晴隆史迪威二十四道拐景区位于贵州省黔西南布依族苗族自治州晴隆县城南郊1千米处,由二十四道拐公路、观景台、安南古城、美军加油站、马帮山寨、史迪威小镇等组成,是贵州著名的红色旅游景区之一。其中二十四道拐公路是景区核心部分,雄奇险峻,是著名的史迪威公路的标识志路段,全长4千米,宽6米,山脚第一拐到山顶第二十四拐直线距离约350米,垂直高度约250米,坡的倾角约60°。抗战期间,成为盟军中缅印战区交通大动脉,是中美军民团结抗战的象征,被誉为抗战的生命线,也是一条隐没在群山中的"无名英雄路"。二十四道拐抗战公路于1988年6月被晴隆县人民政府公布为第三批县级文物保护单位;2006年5月,被国务院公布为第六批全国重点文物保护单位;2010 年 3 月,被贵州省委、省政府列为第四批全省"爱国主义教育示范基地";2014 年 9 月,被国务院列为首批国家级抗战纪念设施、遗址;2016年,入选《全国红色旅游经典景区名录》。广大网友称其为"中国十大最美公路"之一。

8. 苟坝会议会址

苟坝会议会址位于遵义市枫香镇苟坝村马鬃岭山脚,距枫香镇政府所在地 6 千米,距遵义市区 46 千米。苟坝会议会址入选《全国红色旅游经典景区名录》、全国 100 个"红色旅游经典景区",被中宣部命名为全国爱国主义教育示范基地,是著名红色旅游景点。苟坝会议会址是一座老式黔北农家三合院,传统木结构瓦房。苟坝内还有很多革命历史遗迹,如红军医院(黑神庙)、苟坝抗捐委员会旧址(苟坝老街)、红军警戒岗哨(水口寺)、红军烈士墓等。

苟坝会议是遵义会议的继续和完善,三人军事小组的成立,巩固了毛泽东在党和红军中的核心地位,标志着毛泽东正确主张取得了决定性的胜利。以毛泽东为核心的新的中央领导集体总结一渡赤水、二渡赤水战争规律,调整战略步骤,指挥三渡赤水、四渡赤水、南渡乌江、佯攻贵阳、威逼昆明、巧渡金沙江走向辉煌,胜利完成二万五千里长征。

9. 红二、红六军团总指挥部旧址陈列馆

红二、红六军团总指挥部旧址陈列馆是贵州省红色旅游经典景区、爱国主义教育基地。红二、红六军团总指挥部旧址位于石阡县城中心长征路东侧的天主教堂。1936年1月,贺龙、任弼时等率领的红二、红六军团,根据中央指示和遵义会议精神,兵分三路向石阡进行战略转移。入城后,总指挥部及军团司令部、政治部等直属机关分别驻天主教堂南楼等处,贺龙等领导人住北楼。红军军政负责人任弼时、贺龙、关向应、王震、萧克等在此召开重要会议,研究军事行动,使这里成为红军首脑机关的重要处所。红军曾两次进入石阡,在石阡大地上抛头颅、洒热血,宁死不屈、视死如归、永垂不朽的英烈之魂守护着这片土地。红二、红六军团总指挥部旧址陈列馆由石阡县文管所管理,主要展览红二、红六军团石阡会议时留下的革命历史文物。现陈列馆仍保存400余件红军在石阡开展革命活动的文物,神甫楼存有当年红军留下的标语和漫画多达20余幅。

10. 深河桥抗战遗址

深河桥抗战遗址位于独山县城北9千米处,在抗日战争期间是西南铁路终点站,黔桂公路的必经之地。遗址坐落在群山环抱之中,遗址旁的新旧两座深河桥,讲述着抗日战争时期的悲壮历史。1944年12月2日,日军攻占独山县城,中国军队和黔南各族人民在深河桥共同抗击日军,最终迫使日军败退黔境。因此,独山被誉为"抗日战争的转折地"。"北起卢沟桥,南止深河桥",卢沟桥是抗日战争的全面爆发点,独山深河桥就是日军当年沿主要交通线深入我国西南腹地时的止步之地。深河桥抗战打破了日军入侵西南腹地的妄想,成为日军走向败亡的历史见证,与卢沟桥遥相辉映。

2003年开始规划建设"深河桥抗日文化园",其以展现震惊中外的"黔南事变"抗日史实为主,园内有"黔南事变"陈列馆、贵州抗日陈列馆,馆内陈列了大量翔实的图片、史料和实物,从中可了解到世界反法西斯战争、中国抗日战争脉络,贵州各族人民抗战及"黔南事变"发生始末。陈列馆内,一幅幅真实的照片史料,一件件抗日战场遗物,再现了当时中国军民面临的生死危机;一场场殊死搏杀,一幕幕奋起反击,铺开了中华民族抵御侵略、奋勇抗争的史诗画卷。深河桥抗战遗址是贵州省国防教育示范基地、全国青少年教育基地、国家国防教育示范基地、全国红色旅游经典景区,在弘扬爱国主义精神、增强全民国防观念等方面发挥了重要的阵地作用。

11. 邓恩铭烈士故居

邓恩铭烈士故居坐落于荔波县城北向阳路 21 号，占地面积 320 多平方米。大门横匾"邓恩铭烈士故居"由前党和国家领导人乔石委员长题写。邓恩铭烈士故居是中国共产党第一次全国代表大会代表、中国共产党创始人之一邓恩铭的故居，故居内还保存着邓恩铭少年时代用过的木床、桌子、椅子、凳子、石磨、药碾、八挂钟等遗物。在故居右侧的"烈士事迹陈列室"内陈列着邓恩铭少年时代用过的笔、墨、砚台、墨盒、玉首饰、幅符、衣架、马灯、家信等实物，还陈列着介绍邓恩铭生平和革命事迹的图片、资料。江泽民、陈云、乔石、胡锦涛等党和国家领导人先后为陈列室题词，乔石、胡锦涛亲临参观。前中共中央总书记、国家主席江泽民题词："学习邓恩铭烈士追求真理，献身革命的崇高精神。"乔石委员长题词："弘扬烈士精神，开拓前进，振兴荔波！"

邓恩铭同志曾经担任中共青岛市委书记，1925 年 8 月出任中共山东省委书记。曾到毛泽东主持的中央农民运动讲习所讲课。1928 年 12 月，因叛徒告密，邓恩铭不幸被捕。面对敌人酷刑邓恩铭依旧大义凛然、坚贞不屈。在狱中，邓恩铭同志写下《诀别》一诗："卅一年华转瞬间，壮志未酬奈何天。不惜惟我身先死，后继频频慰九泉。"邓恩铭烈士故居入选《全国红色旅游经典景区名录》，还被列为贵州省文物保护单位、贵州省爱国主义教育基地、全国国防教育基地、贵州省党史教育基地。

12. 周逸群烈士故居

周逸群烈士故居坐落在铜仁城区共同路 12 号,占地总面积为 1160 平方米,始建于清朝道光年间。院内房屋皆为悬山顶单檐式木房,呈四合院式。1876 年,周逸群的祖父周贵渠始建后楼两幢,左楼为住房,上下各三间,上三间为周逸群结婚时住房;右楼上三间为书房,楼下两间仓库,另一间为客室,面积为 46 平方米。周逸群的父亲周自本建正房三间,面积为 109 平方米,正房前为石板铺墁院坝,两旁辟有花圃。后周逸群的亲属又建临街店铺三间,面积为 246 平方米。整个故居错落有致,洁净清爽、古朴幽雅。周逸群便出生在这里,他是红军早期主要将领、洪湖湘鄂西革命根据地和红二军团的主要创始人之一。

周逸群烈士故居陈列室陈列布展共分九个部分,展出近 500 幅珍贵的图片、文字史料及实物,整体系统地介绍了周逸群在家乡读书、东渡日本留学、进入黄埔军校、参加南昌起义、创建洪湖苏区等期间的人生经历。周逸群烈士故居入选《全国红色旅游经典景区名录》,被列为国家级文物保护单位、全国爱国主义教育示范基地,入选"全国红色旅游精品线路名录",是铜仁及贵州著名的红色旅游景点。

13. 甘溪红军战斗遗址

甘溪红军烈士纪念碑是贵州省红色旅游经典景点之一，是在甘溪红军战斗遗址上建立的、为纪念在甘溪遭遇战中英勇牺牲的红军烈士纪念碑。甘溪遭遇战中，红六军团虽然伤亡较重，但是有力地牵制了湘、桂、黔三省敌军主力,减轻了敌人对中央红军的压力,达到与红三军(后恢复红二军团番号)胜利会师的预期目的,完成了为中央红军长征先遣探路的战略目标,在石阡播下革命的种子,为红二、红六军长征经石阡开展革命活动打下了坚实的基础。为了纪念在甘溪遭遇战中英勇牺牲的红军烈士,缅怀革命先烈,石阡县人民政府于 1966 年 1 月 27 日决定修建甘溪红军烈士纪念碑,1967 年 6 月 8 日建成。1975 年,石阡县人民政府又从中坝木瓜溪取料石在碑前修了六级台阶,加固碑后山坡,并刻上毛泽东所作的著名诗篇《长征》。1984 年,曾在甘溪战斗过的老红军周仁杰、陈靖等,不远千里重踏战地。肖克、李真、张平化将军命笔题词,缅怀甘溪死难的红军烈士、战友,教育人民继承红军烈士的光荣传统。甘溪红军战斗遗址入选《全国红色旅游经典景区名录》,烈士纪念碑已成为开展革命传统和爱国主义教育的重要场所,是县级文物保护单位。

四、相关知识链接

我国被列入"世界遗产名录"的旅游资源可查《中国文化和旅游年鉴》。

五、任务分组

学生任务分配表

班级		组号		指导教师	
组长		学号			
组员	姓名	学号	姓名		学号
任务分工					

六、任务实施

任务工作单

组号：＿＿＿＿＿＿＿＿＿＿ 姓名：＿＿＿＿＿＿＿＿＿＿ 学号：＿＿＿＿＿＿＿＿＿＿

引导问题：

(1) 请结合所学的内容写一篇你所熟悉的红色研学旅游资源的导游词。

(2) 选择一个本地的红色旅游资源和同学一起观光、游览。

七、评价反馈

个人自评表

组号：_____ 姓名：_____ 学号：_____ 班级：_____ 组名：_____ 日期：____年__月__日

评价指标	评价内容	分数	分数评定
信息检索	能有效利用网络、图书资源、字典等查找相关信息	5分	
感知课堂生活	熟悉、认同课堂学习氛围； 在学习中能构建课堂生态文化	10分	
参与态度	能积极主动与教师、同学交流，相互尊重、理解； 与教师、同学之间能够保持多向、丰富的信息交流	15分	
	能处理好合作学习和独立思考的关系，做到有效学习； 能提出有意义的问题或能发表个人见解	15分	
知识、能力获得	能清晰地知晓所介绍景点的特色	35分	
思维态度	能发现问题、提出问题、分析问题、解决问题	10分	
自评反馈	能按时保质完成任务； 能较好地掌握知识点； 具有较强的信息分析能力和理解能力； 具有较为全面、严谨的思维能力，并能条理清晰地表达成文	10分	
自评分数			
有益的经验和做法			
总结反馈建议			

组号:_____ 姓名:_____ 学号:_____ 日期:____年__月__日

验收组长	
验收成员	
验收资料清单	(被验收人完成的任务工作单)

评价指标	评价内容	分数	分数评定
参与态度评价	该同学能积极主动与教师、同学交流,相互尊重、理解; 与教师、同学之间能够保持多向、丰富的信息交流	25分	
	该同学能处理好合作学习和独立思考的关系,做到有效学习; 能提出有意义的问题或能发表个人见解	35分	
知识、能力掌握评价	该同学能了解贵州红色旅游资源	40分	
评价分数			
有针对性的改进建议			

八、任务总结

_____

_____

_____

_____

_____

_____

项目三　红色研学旅游线路设计概述

一、学习目标

1. 知识目标

掌握贵州红色旅游资源线路。

2. 能力目标

了解贵州红色旅游资源的主要内容。

3. 思政目标

促使学生了解贵州红色旅游资源特色以及培养学生对旅游资源的保护意识。

二、任务分析

1. 重点

掌握贵州红色旅游资源线路的主要设计思路。

2. 难点

让学生们了解并掌握贵州红色研学旅游资源的相关知识。

三、红色区域研学旅游线路设计

1. 黔东南红色旅游路线

红色路线:锦屏隆里古城——黎平会议会址纪念馆——八舟河红军桥——岜沙苗寨——榕江红七军军部旧址历史陈列馆——红军街(翘街)。

作为红军长征进入贵州的第一站,黔东南光荣载入中国革命的光辉历史。它见证了党和红军历史上极为重要的时刻和重大的历史事件,孕育出"敢闯新路、敢于突破、敢于胜利"的宝贵精神财富。

2. 黔东门户红色旅游路线

红色路线:铜仁周逸群烈士故居——万山朱砂古镇——思南旷继勋烈士故居——印江红二、红六军团木黄会师纪念馆——石阡红二、红六军团总指挥部会议旧址及陈列馆——甘溪红军战斗遗址——德江枫香溪会议会址纪念馆——石阡困牛山红军战斗遗址。

路线位于贵州省东南部,境内沟壑纵横,山峦延绵,不仅有原始生态的自然环境(如雷公山、云台山、佛顶山等),还有革命战士的足迹。革命战士在长征途中展现了对理想和事业无比的忠诚,具有坚定的信念,不怕牺牲、敢于奉献的无产阶级革命乐观主义精神,还表现出顾全大局、严守纪律、亲密团结的高尚品德,创造了伟大的长征精神和无与伦比的英雄业绩,谱写了惊天地、泣鬼神的伟大革命诗篇。

3. 黔南州红色旅游路线

红色路线:都匀三线建设博物馆——三都贵州水族文化博物馆——荔波茂兰穿洞抗战遗址——独山深河桥抗战遗址——邓恩铭故居——平塘抗日遗迹。

黔南布依族苗族自治州曾是南方丝绸之路的重要通道,也是黔中通往川桂湘滇的故道,商贾云集、物流通达。黔南境内航空、铁路、公路、河运纵横交错。这里也涌现了不少红色人物。邓恩铭,生于1901年1月,贵州荔波人,是著名的无产阶级革命家,中国共产党创始人之一。2009年9月10日,被评为100位为新中国成立作出突出贡献的英雄模范人物之一。

4.六盘水市红色旅游路线

红色路线:六盘水市三线建设博物馆——红二、红六军团盘县会议会址陈列馆——娘娘山风景区——米箩"三变"改革展示中心——海坪千户彝寨——月照养生谷。

1936年3月初,贺龙、任弼时等率领的红二、红六军团和敌人在磅礴的乌蒙山区展开了历时1个月的、辗转千里的回旋战。红二、红六军团越过敌人防线,而后改向东南急进,直趋滇东,待敌匆匆赶赴滇东时,红军又突然折回贵州。3月23日,与敌军在宣威来宾铺、虎头山和陡山坡一带激战,歼敌近千人,体现了红军战士不畏艰险、英勇抗战的精神。

5.遵义红色旅游路线

红色路线:遵义会议会址——娄山关红军战斗遗址——黄陂坡战斗遗址——乌江渡红色旅游景区——中国女红军纪念馆——丙安红一军团陈列馆。

遵义会议不仅是中国共产党历史上生死攸关的转折点,而且挽救了党和红军,更挽救了中国革命。遵义会议奠定了红军长征和中国革命胜利的基础,开创了中国共产党独立自主领导中国革命的先河,开启了马克思主义中国化的新征程,开始形成以毛泽东同志为核心的党的第一代中央领导集体。

四、按地域的贵州红色研学旅游线路设计

(一)地域一:贵州省遵义市

打卡主题:了解红色历史、传承红色革命。

推荐地点:遵义会议会址、娄山关景区、四渡赤水纪念馆。

1.遵义会议会址

遵义会议是中国共产党历史上一次极为重要的会议,此次会议挽救了党和红军,是中国开天辟地的大事件。大力弘扬遵义会议精神,一方面要把会议精神作为党员理想信念教育的重要内容,强化遵义会议精神的"钙质元素",在广大党员中起到震撼人心、净化灵魂、升华境界的效果;另一方面强化遵义会议精神的涵养价值,解放思想、开拓创新、团结奋斗,凝聚起广大干部群众盼发展、谋发展的正能量,激励大家同心共筑中国梦。

2.娄山关景区

娄山关又名太平关,位于遵义市汇川区与桐梓县交界处,南距遵义市50千米,北拒巴蜀、南扼黔桂,为黔北咽喉。娄山关位于大娄山脉主脉的脊梁上,景色秀丽、峭壁绝立,因红军长征时在这里打响两次战斗而彪炳史册,成为众多游客向往的革命圣地。

3.四渡赤水纪念馆

四渡赤水纪念馆位于中国历史文化名镇——习水县土城古镇长征街,旧址为二层中西合璧式建筑。四渡赤水纪念馆占地面积7710平方米,由中央军委原副主席张震题写馆名。纪念馆综合运用雕塑、油画、图片、文字、实物相结合的方式,生动再现了毛泽东及其战友率领红军3万余人四次飞渡赤水河,实现战略转移伟大胜利的历史画面。

(二)地域二:贵州省铜仁市

打卡主题:了解历史英雄、学习红色精神。

推荐地点:铜仁周逸群烈士故居、铜仁甘溪红军战斗遗址。

1.周逸群烈士故居

周逸群烈士故居正屋占地面积109平方米,现为周逸群生平事迹陈列室。正屋前有石板铺墁院坝,两旁辟有花圃。整个故居古朴典雅,错落有致。故居在国民党时期曾作"逆产"充公,后经其亲属力争,方完整保存至今。

2.甘溪红军战斗遗址

甘溪红军战斗遗址位于石阡县甘溪乡甘溪村,修有烈士陵园。学习宣传抗日英烈的英雄事迹,大力培育和弘扬伟大的爱国主义精神,进一步增强民族凝聚力、向心力,为实现中华民族伟大复兴的中国梦提供强大精神动力。

(三)地域三:贵州省荔波县

打卡主题:牢记历史、砥砺前行。

推荐地点:荔波邓恩铭烈士故居。

绿色为发展之基,红色为发展之魂。荔波,被誉为"地球绿宝石"。这里是中国共产党第一次全国代表大会唯一一位少数民族代表邓恩铭同志的故乡。绿色带动旅游发展,使荔波成为全国首批全域旅游示范区、贵州省首批全域旅游示范县。同时,荔波也是一座英雄之城,红色基因无处不在,丰富的红色文化造就了新时代的邓恩铭精神。

五、相关知识链接

其他相关知识详见小程序"一码游贵州"。

一码游贵州

六、任务分组

学生任务分配表

班级			组号		指导教师	
组长			学号			
组员	姓名	学号		姓名		学号
任务分工						

多彩贵州研学旅行课程资源

七、任务实施

任务工作单

组号：＿＿＿＿＿＿＿　　姓名：＿＿＿＿＿＿＿　　学号：＿＿＿＿＿＿＿

引导问题：

(1) 想一想，如果你作为一名贵州红色研学旅行的线路设计者，应该如何去规划设计旅游线路。

(2) 你认为大家应该如何保护红色旅游资源？

_____

_____

_____

_____

_____

_____

_____

_____

_____

_____

_____

_____

_____

_____

_____

_____

_____

_____

八、评价反馈

个人自评表

组号：_____ 姓名：_____ 学号：_____ 班级：_____ 组名：_____ 日期：____年__月__日

评价指标	评价内容	分数	分数评定
信息检索	能有效利用网络、图书资源、字典等查找相关信息	5分	
感知课堂生活	熟悉、认同课堂学习氛围； 在学习中能构建课堂生态文化	10分	
参与态度	能积极主动与教师、同学交流，相互尊重、理解； 与教师、同学之间能够保持多向、丰富的信息交流	15分	
	能处理好合作学习和独立思考的关系，做到有效学习； 能提出有意义的问题或能发表个人见解	15分	
知识、能力获得	通过学习本模块内容，学会规划家乡线路设计； 能真正掌握贵州红色研学旅游资源线路设计	35分	
思维态度	能发现问题、提出问题、分析问题、解决问题	10分	
自评反馈	能按时保质完成任务； 能较好地掌握知识点； 具有较强的信息分析能力和理解能力； 具有较为全面、严谨的思维能力，并能条理清晰地表达成文	10分	
自评分数			
有益的经验和做法			
总结反馈建议			

组内互评表

组号：_____ 姓名：_____ 学号：_____ 　　　　日期：____年__月__日

验收组长			
验收成员			
验收资料清单	（被验收人完成的任务工作单）		
评价指标	评价内容	分数	分数评定
参与态度评价	该同学能积极主动与教师、同学交流，相互尊重、理解； 与教师、同学之间能够保持多向、丰富的信息交流	25分	
	该同学能处理好合作学习和独立思考的关系，做到有效学习； 能提出有意义的问题或能发表个人见解	35分	
知识、能力掌握评价	该同学能掌握贵州红色研学旅游资源线路设计； 通过学习本模块内容，该同学能规划自己家乡红色研学旅游资源的线路	40分	
评价分数			
有针对性的改进建议			

项目一　绿色研学旅游资源的概述

浩渺的星空也是研学旅游资源吗？

据英国《每日邮报》2013 年 2 月 20 日报道，英国威尔士布雷肯比肯斯国家公园被列为"国际黑暗天空保护区"，成为继加拿大莫干迪克国家公园、英国埃克斯穆尔国家公园、新西兰奥拉基麦肯奇保护区、纳米比亚自然保护区后全球第五个获此殊荣的地区。

不知从什么时候开始，抬头能见到满天星斗已经成为生活中不期而遇的惊喜。新西兰特卡波小镇所在的盆地是世界上第一个"国际黑暗天空保护区"。这个位于新西兰南岛的小镇，常住人口只有 320 人。小镇居民从 1981 年起就开始自发减少使用灯光，严格按照科学计算安装灯具，保证了小镇的居民和游客在夜晚可以欣赏到璀璨的星空。据说这里有着全新西兰最干净、最壮观的星空。星星的密集程度超乎想象，让人一看就震撼得五体投地，还能看到一些名气响亮的星座（如只有在南半球才能观测到的南十字星）。在无云的日子里，甚至连银白色的银河都清晰可见。2005 年，小镇向联合国教科文组织提出建立"星空自然保护区"的申请。因在卡特波镇能以最佳视野看到布满星星的美丽星空，所以这里每年都吸引了许多来自世界各地向往星空的旅游者。

思考：阅读上述案例，想想这是绿色旅游资源吗？自己的家乡或学校所在地有哪些丰富的绿色旅游资源？

一、学习目标

1. 知识目标

(1) 了解绿色旅游资源的概念。

(2) 掌握绿色研学旅游资源的概念。

(3) 掌握绿色研学旅游资源的特点。

2. 能力目标

能够区分哪些资源是绿色研学旅游资源。

3. 思政目标

(1) 促使学生了解环境保护的重要性，从而提高环保意识。

(2) 能够让学生深入了解自然生态系统的运作机制，从而提高生态素养。

二、任务分析

1. 重点

掌握绿色研学旅游资源的特点。

2. 难点

让学生们了解绿色研学旅游资源的内涵，掌握绿色研学旅游资源的特点。

三、任务描述

（一）绿色旅游资源的概念

绿色旅游资源是指以保护环境为前提合理开发绿色生态旅游产业，积极倡导低碳旅游、鼓励人民群众参与环保事业。

（二）绿色研学旅游的概念

绿色研学旅游是指组织以保护环境、保护生态平衡为前提，远离污染，亲近大自然，以学校、年级或班级为单位进行集体低碳旅行，以集中食宿的方式走出校园，让学生有看一看、动手和表达自己的机会。

（三）绿色研学旅游资源的特点

绿色研学旅游资源具有以下特点。

（1）地域性。

绿色研学旅游资源分布在一定的地理环境或在一定的区域中，地理环境在空间分布上的差异导致绿色研学旅游在空间分布的差异，具有明显的区域性特征。

（2）组成环境。

绿色研学旅游资源是自然环境和环境中物象的地域组合。

四、相关知识链接

绿色旅游：https://baike.so.com/doc/6107231-6320344.html

五、任务分组

学生任务分配表

班级		组号		指导教师	
组长		学号			
组员	姓名	学号	姓名	学号	
任务分工					

六、任务实施

任务工作单

组号：＿＿＿＿＿＿　　姓名：＿＿＿＿＿＿　　学号：＿＿＿＿＿＿

引导问题：

(1)请列举绿色研学旅行资源的特征。

(2)绿色研学旅游资源的判断宗旨是什么？

(3)怎样正确认识绿色研学旅游？

_____

_____

_____

_____

_____

_____

_____

_____

_____

_____

_____

_____

_____

_____

_____

_____

_____

七、评价反馈

个人自评表

组号：_____ 姓名：_____ 学号：_____ 班级：_____ 组名：_____ 日期：____年__月__日

评价指标	评价内容	分数	分数评定
信息检索	能有效利用网络、图书资源、字典等查找相关信息	5分	
感知课堂生活	熟悉、认同课堂学习氛围； 在学习中能构建课堂生态文化	5分	
参与态度	能积极主动与教师、同学交流，相互尊重、理解； 与教师、同学之间能够保持多向、丰富的信息交流	15分	
	能处理好合作学习和独立思考的关系，做到有效学习； 能提出有意义的问题或能发表个人见解	15分	
知识、能力获得	熟知绿色研学旅游资源的概念	15分	
	列举绿色研学旅游资源特点； 能写出绿色研学旅游资源地的导游词	20分	
思维态度	能发现问题、提出问题、分析问题、解决问题	10分	
自评反馈	能按时保质完成任务； 能较好地掌握了知识点； 具有较强的信息分析能力和理解能力； 具有较为全面、严谨的思维能力，并能条理清晰地表达成文	15分	
自评分数			
有益的经验和做法			
总结反馈建议			

组内互评表

组号：_____ 姓名：_____ 学号：_____ 日期：_____年___月___日

验收组长	
验收成员	
验收资料清单	（被验收人完成的任务工作单）

评价指标	评价内容	分数	分数评定
参与态度评价	该同学能积极主动与教师、同学交流，相互尊重、理解；与教师、同学之间能够保持多向、丰富的信息交流	15分	
	该同学能处理好合作学习和独立思考的关系，做到有效学习；能提出有意义的问题或能发表个人见解	15分	
知识、能力掌握评价	该同学能掌握绿色研学旅游资源的概念	30分	
	该同学能掌握绿色研学旅游资源的特点	40分	
评价分数			

有针对性的改进建议	

项目二 绿色研学旅游资源的简介

贵州美，美在哪呢？美在水，水无常态，奇幻无穷。飞瀑击石拍岸，清泉穿洞戏藤；叹大千无墨，形似马良神工。静似处子，平湖如镜；动若脱兔，众矢出弓。山愈高，水势愈汹；林愈密，水质愈净。似飞龙天降，又似万马奔腾；才轻吟低唱，忽高歌难平。磅礴处云雾缭绕，平缓间丝绢如丛；浪花起宝石洒落，转身绿郁葱葱。与山同在，与尔同行；润一方净土，养万千生灵。秀水如斯，引八方朝众；放浪心绪，揽千般柔情。山水贵州，实副其名；大美贵州，水居头功。

一、学习目标

1. 知识目标

了解贵州的自然旅游资源。

2. 能力目标

能够熟知贵州绿色研学旅游资源并写出相应的导游词。

3. 思政目标

培养学生具备环境保护意识并能将这种意识运用于日常生活中。

二、任务分析

1. 重点

掌握贵州众多自然旅游资源。

2. 难点

让学生了解并掌握贵州绿色研学旅游资源。

三、贵州的绿色研学旅游资源

1. 毕节古彝梯田

古彝梯田是国家 4A 级旅游景区，位于贵州省毕节市大方县，是一片独特的城中梯田。层层叠叠的梯田，形成一个个大小不一的圆弧，就像一枚被放大的指纹。梯田播种着不同的庄稼，呈现出鲜艳的红色、清新的绿色和艳丽的黄色，色彩斑斓，美不胜收。环绕梯田的奢香古镇，充满了浓郁的彝族风情，已成为集"观光、旅游、体验、娱乐、餐饮、购物"于一体的特色小镇。根据当地居民介绍，早些时候这里是一个废弃的坑塘，经改造后成为今天美丽的梯田。当我们目睹层层梯田，无不感叹劳动人民的勤劳和智慧。在每年鲜花盛开的季节这里便成为花的海洋。层次分明的梯田之间，被点缀上了许多鲜艳的花朵，梯田美景与古镇交相辉映，绽放着迷人魅力。

2. 乌蒙大草原

乌蒙大草原位于盘州市乌蒙镇与坪地彝族乡境内，是一片海拔高、面积广阔的天然草地，由万亩坡上草原牧场、万亩矮杜鹃林、天生桥、格所河峡谷、河龙滩口溶洞、十里画廊、八大山日出、白雨洞等景点组成，还包括龙天佑总兵墓、彝族村寨、彝族"火把节"、白族"火把节"等人文风光。乌蒙大草原景区有 10 万亩草场，4 万亩矮杜鹃林，平均海拔 2500 米左右，是贵州乃至西南地区海拔最高的草原。延绵起伏的草地、平缓低矮的小丘，在朗朗的阳光下，碧野万顷，一望无垠，牛羊出没，极为壮阔。在这无边无际的草原上，每当天朗云稠，金阳出现之际，便会出现令人欣喜若狂、光彩夺目的佛光，吸引了大批游客到此寻幽览胜。

3. 赤水丹霞

赤水丹霞景区位于贵州省遵义市赤水市,是贵州省第八个国家5A级旅游景区,也是中国丹霞地貌的重要代表之一。它与湖南崀山、广东丹霞山、福建泰宁、江西龙虎山、浙江江郎山组成的丹霞地貌组合以"中国丹霞"名称共同申请世界自然遗产并获批。赤水丹霞景区由赤水大瀑布、佛光岩、燕子岩三大核心景区组成。在这里,游客可以欣赏到景区内成群的瀑布、奇丽的丹霞地貌、大片的竹海、繁茂的桫椤。赤水大瀑布,位于赤水河支流风溪河上游,原名十丈洞瀑布,是赤水丹霞景区中最为壮观的瀑布之一,其宽80米,高76米,被誉为"神州又一瀑布奇观"。佛光岩是一座高200多米、弧长1000余米的环形岩壁,朱红色的石壁在阳光照耀下艳丽如霞。它笔直向上地耸立在那里,就像一本红色的无字天书。中间挂有一个瀑布,跌落时缥缥缈缈,如烟似缕。燕子岩则是赤水丹霞景区内最具有代表性的丹霞地貌之一,其岩石峰林奇特,石柱、石墙、石峰等形态各异,让人惊叹于大自然的神奇。此外,这里还生长着一种古老的大型蕨类植物桫椤,是在距今约一亿八千万年前与恐龙同生共荣的植物,非常珍贵。大片的原生态的森林和竹林,站在高处望去颇为壮观。总之,赤水丹霞美在它的自然、神秘、千变万化,是一个集山、谷、瀑、河、珍稀动植物为一体的丹霞地貌旅游区。在景区里随处可见奇峰异石、绝壁洞穴。树木成林,随山起伏。汹涌澎湃的瀑布从高墙倾泻而下,势不可挡。血染的石头,热情似火,在银白色的瀑布前,显得更加壮观高大。

4. 妥乐村古银杏树

盘州市自古以来被誉为"滇黔锁钥、川黔要塞",当地旅游资源十分丰富。金秋时节,去盘州市石桥镇妥乐村看古银杏树最为合适。妥乐村是世界上古银杏生长密度最大的地方,又多又大又古老的银杏树,把秋天的妥乐村装点成金色童话世界。小桥、流水、山坡、梯田、瓦房、院落……整个村庄都成为金色的海洋。山间小径,黄叶满地,游人如漫步在金黄的地毯上。伴随着阵阵秋风,遮天蔽日的银杏叶犹如彩蝶一般纷纷扬扬、翩翩起舞,那种壮美让人震撼、令人沉醉。也有许多银杏叶,在秋风中晃晃悠悠地飘落,既像仙女下凡,又似远行的游子扑向母亲的怀抱。这些飘落的银杏叶尽管历经风霜,但丝毫看不到生命尽头的衰败,始终保持着丰盈的色彩。除了欣赏古银杏的色彩、形状和神韵,还可以拜谒"树王"。树龄高达一千五百多年的"树王",堪称植物界的"活化石",纵然有一半已枯萎,可另一半仍顽强地生长着。其树根纵横交错,树干粗壮斑驳,树冠宽大如盖。与其他古银杏相比,"树王"最大的不同是树身挂满了祈福的红绳。

5. 毕节百里杜鹃

百里杜鹃风景名胜区位于贵州省西北部,毕节市中部。景区冬无严寒、夏无酷暑,因绵延125.8 平方公里的高山原生态杜鹃林带而得名,是世界上面积最大、品种最多、景观最震撼的天然杜鹃林带。是世界唯一杜鹃花国家森林公园,也是国家 5A 级旅游景区。

百里杜鹃风景区包括普底景区、金坡景区、花王景区等。暮春时节,杜鹃花竞相怒放,千姿百态,色彩缤纷,姹紫嫣红,绚烂花海形成一幅气势恢宏的画卷,在崇山峻岭间绵延百里,形成了世界上罕见的自然景观。普底景区和金坡景区是百里杜鹃最为核心的景区,普底景区主要有五彩路、红军广场、醉九牛、数花峰、云台岭等景点;金坡景区主要有凝香台、百花坪、锦鸡箐、马缨林等景点。每年的 3—5 月是最佳观花期,不同花形、不同颜色的杜鹃花在阳光的沐浴下,竞相绽放在枝头,红、粉、紫、金、黄、白交相辉映。置身林间花径,"花香醉游客,鸟语惊人梦"的山水之乐让人流连忘返。

百里杜鹃风景名胜区向游人展示了一幅"花间阡陌·山水归程"的诗意画卷,是休闲康养、避暑度假、养身养心的绝佳之地。周边的跳花坡景区、彝山花谷景区、花田酒肆景区、千年紫薇园景区等同样也是风光旖旎、各有特色。

6. 荔波大、小七孔

大七孔景区因大七孔桥得名。大七孔桥始建于清道光二十七年(1847 年),落成于道光三十年(1850 年),时名为"万善桥"。光绪三年(1877 年)有一个桥孔被洪水冲毁,经重新维修后改名为双溪桥。后又改称大七孔桥,古时为贵州、广西商旅要道。

天生桥是大七孔景区的标志性景观。天生桥高 73 米,厚 15 米,宽 22 米。这座大自然鬼斧神工凿造而成的天生桥被人们誉为"东方凯旋门",观之令人肃然起敬。天生桥发育于石炭系的灰岩和泥灰岩中。岩屋走向为东北—西南方向,岩层倾角为 56°。桥下河道为第四纪晚期(距今约 1.2 万年)地下暗河通道,后因地壳抬升、地下河下切,地下暗河洞体规模扩大、洞顶崩塌,从而形成了天生桥。

小七孔景区位于荔波县西南部,是樟江风景名胜区的四大风景片区之一,地处贵州高原南缘地带,总面积约为 46.4 平方千米。景区集林、洞、湖、石、水等多种景观于一体,以精巧、秀美、古朴、幽静著称,移步换景,令人耳目常新。小七孔景区除小七孔古桥外,还有拉雅瀑布、68 级跌水瀑布、鸳鸯湖等景点。

小七孔古桥建于清道光十五年(1835 年),古为黔南通往广西商旅交通要道,横跨响水河。桥长 40 米,宽 2.2 米,高 5.5 米,拱形桥体,结构玲珑,工艺精妙。桥下潭水幽蓝,两岸古木萌绿,衬出桥的雅静恬美。

拉雅瀑布源自响水河上游山体洞泉,河水沿崖体陡岸悬空而下,落差 30 米,瀑宽 10 米。"拉雅"在布依语中被译为"美丽的女神"。

68 级跌水瀑布位于响水河谷,全长约 1600 米,总落差约 110 米,宽约 40 米。成因为高原形成晚期强烈抬升,河流迅速下切 350～500 米而形成壮观的瀑布群。在不到 2000 米的弯曲河道里,密集着 68 级姿态各异的瀑布,实属罕见。

鸳鸯湖距卧龙潭约 5000 米,为典型的喀斯特盲谷湖,水域面积约为 20 平方千米,深约 40 米,主要由上、下两个大湖组成。

7. 毕节织金洞

织金洞原名打鸡洞,位于贵州省织金县,是我国著名的特大型溶洞。1980 年 4 月,织金县人民政府组织的旅游资源勘察队发现此洞。它是一个多层次、多类型的溶洞,已勘察长度 12.1 千米,洞腔最宽跨度 175 米,相对高差 150 米,全洞容积达 500 万立方米。洞内地形复杂,有迎宾厅、寿星宫等十多个景点、四十多种岩溶形态,有"溶洞博物馆"之称。

织金洞风景名胜区具有独特的地质遗迹特性和极高的审美价值,洞中景观栩栩如生、惟妙惟肖。无论是喜欢小场景,还是欣赏大画卷,都可以在这里寻觅到一份满意和惊喜。2022 年,毕节市织金洞景区被确定为国家 5A 级旅游景区。

8. 荔波瑶山古寨

瑶山古寨位于美丽的世界自然遗产地——荔波,是以展示瑶族文化为主的人文景区,自然村寨保存完好,有些地方仍保留着"刀耕火种"的原始耕作方式和原始粗犷的民族遗风,被誉为"原始社会遗存的活化石"。白裤瑶也被人类学家称为"东方印第安人"。昔日因贫瘠而闻名的瑶山,避居蛮荒之地的瑶族,承关怀而巨变,经历了4次迁徙形成了一个古老民族文化与现代文明交相辉映的白裤瑶聚居村落。在这里,游客可以参观瑶族的传统建筑,领略民俗风情。风格古朴典雅的石板房、吊脚楼等传统建筑随处可见。寨中的道路和桥梁均由石板铺成,古色古香,极具观赏价值。瑶山古寨还保留了丰富的瑶族传统文化,如瑶族医书、瑶族歌舞、瑶族服饰等。游客可以亲身体验瑶族传统文化,感受其独特的魅力。

荔波瑶山古寨是一个充满神秘色彩和民族风情的旅游胜地,在这里既可以领略到瑶族人民独特的文化魅力和传统习俗,又可以欣赏到美丽的自然风光。无论是喜欢历史文化,还是热衷于探险寻幽,瑶山古寨都会为游客带来难忘的旅游体验。

9. 遵义茶海之心

　　茶海之心景区位于贵州省遵义市凤冈县永安镇,景区面积 69 平方千米,是国家 4A 级旅游景区、全省 100 个重点旅游景区、全国农业旅游示范点、全国休闲农业与乡村旅游示范点。景区森林覆盖率达 85% 以上,植被丰富,物种多样,树木苍翠,鸟语花香,形成了"林中有茶、茶中有林、林茶相间、茶香四溢"的独特景观。景区产茶历史悠久,有机茶基地 2.8 万多亩,现有大小型茶叶加工企业 100 多家,是西南最大的有机茶基地。景区是凤冈锌硒茶的主产区和核心区,景区内设有"生态茶园观光区""茶叶采摘体验区""森林生态养生区""茶庄农家乐食宿区"等几大区域,在这里可体验采茶、制茶的乐趣,还可以观看土家油茶茶艺表演。除此之外,游客可登仙人岭观景台,居高临下俯瞰整个茶海,将整个茶海之心的美景尽收眼底。

10. 遵义市绥阳双河洞

　　双河洞国家地质公园位于贵州省遵义市绥阳县温泉镇。2023 年,双河洞最新探测长度为 409.9 千米,成为亚洲第一、世界第三长洞,也是"世界最长的白云岩洞穴""世界最大的天青石洞穴"。双河洞结构复杂,水洞、旱洞并存,其由 8 条主洞、200 多条支洞、5 条地下河、34 个洞口组成,可谓洞挨洞、洞连洞、洞上有洞、洞下有洞、洞中套洞,被誉为"喀斯特天然洞穴博物馆"。

　　双河洞国家地质公园下辖地下裂缝景区、双河谷景区等景区和双河客栈度假村、双河国际探洞大本营等景区项目,是集旅游观光、洞穴探险、温泉度假、户外徒步、科学研究、科普教育等多位一体的综合旅游区。2006 年 4 月,《环球游报》联合全国 31 家都市类报纸共同主办了"中国最值得外国人去的 50 个地方"评选活动,双河溶洞从 200 个入围景区中脱颖而出,成为贵州唯一入选此名单的景区。

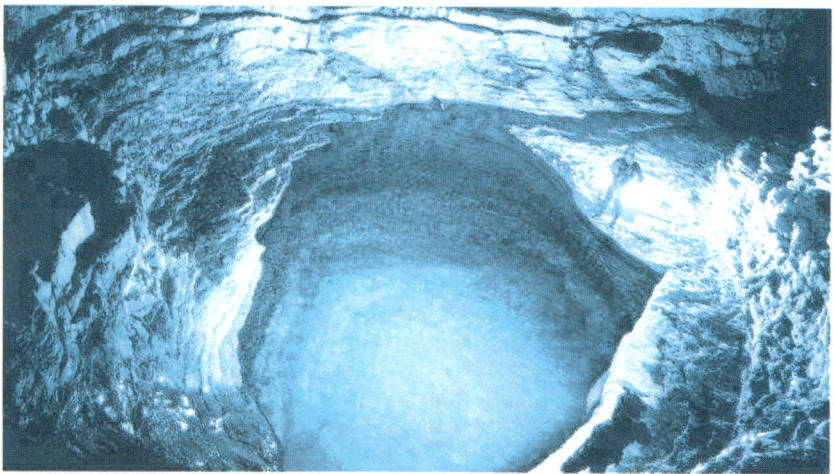

11. 马岭河峡谷

马岭河峡谷风景名胜区位于贵州省黔西南布依族苗族自治州兴义市东北部,是兴义世界地质公园的重要组成部分,被誉为"天下第一缝,中华第一漂"。马岭河峡谷位于景区的东北部,是由湍急河水和地壳运动将地表切开形成的一条裂谷,从上往下看是一道地缝,从下往上看是一线天沟。

马岭河发源于乌蒙山系白果岭,上游叫清水河,中游因两岸有马别寨和马岭大寨而称马岭河。在长约100千米的流程内,落差近千米,下切能力强,在海拔1200米的坦荡平川上切割出长达74.8千米、谷宽50～150米、谷深120～280米的马岭河峡谷。峡谷两岸的众多支流因下切速度滞后于主流,形成了上百条高逾百米的瀑布坠入深谷之中。规模宏大、气势磅礴的钙华瀑布群与高耸林立的峰林相交织,构成极为珍奇的稀世景观。

12. 都匀斗篷山—剑江风景名胜区

都匀斗篷山—剑江风景名胜区位于贵州省黔南布依族苗族自治州,其由斗篷山景区、螺丝壳景区、剑江景区、都柳江景区和凤啭河景区五个部分组成。斗篷山景区是其中最为瑰丽的一个景区,距离都匀市中心约 22 千米,总面积 80 平方千米。斗篷山主峰海拔 1961 米,拔地通天,为贵州三大名山之一,也被誉为黔南第一山。主峰绝顶的山巅天池面积约 2000 平方米,池水清澈澄明,是世界上罕见的天然景观,山雄、谷幽、林美、水秀,景色各具特色。原始森林覆盖率超过 80%,动植物资源丰富多样,有鹅掌楸、红豆杉、马尾树、十齿花、香树等国家保护植物,以及红腹锦鸡、蓝翡翠、猴面鹰等珍稀禽类,是一座巨大的野生物基因库,具有极高的观赏价值、旅游价值和科研价值。景区内有大小溪流 100 余条,其中茶园河和谷江河布满巨大的卵石,马腰河蜿蜒穿行于原始丛林之中。都匀斗篷山—剑江风景名胜区于 2004 年被国务院批准为国家重点风景名胜区。

马腰河峡谷为从马腰河源头至汇入黄河谷地段,总面积 12.5 平方千米,峡谷河道狭窄,谷坡下陡上缓,高山流水,是一个极富原始韵味的谷中谷。马腰河两岸茂密的原生植被和次生植被盘根错节,树冠婆娑,宛如幔幛,遮天蔽日,河水清澈,沿曲折的河床轻吟浅唱在石缝间。在密林深处，古驿道、古驿站遗址、百家厂遗址等，依稀可辨。

13. 黄果树瀑布

　　黄果树瀑布（即黄果树大瀑布），古称白水河瀑布，亦名"黄葛墅"瀑布或"黄桷树"瀑布，因本地广泛分布着黄葛榕而得名。其位于中国贵州省安顺市镇宁布依族苗族自治县，属珠江水系西江干流南盘江支流北盘江支流打帮河的支流可布河下游白水河段水系，为黄果树瀑布群中规模最大的一级瀑布，是世界著名大瀑布之一。徐霞客游历至贵州，途经黄果树瀑布时，曾对黄果树瀑布作出了这样的描述："透陇隙南顾，则路左一溪悬捣，万练飞空，溪上石如莲叶下覆，中剜三门，水由叶上漫顶而下，如鲛绡万幅，横罩门外，直下者不可以丈数计，捣珠崩玉，飞沫反涌，如烟雾腾空，势甚雄历，所谓'珠帘钩不卷，匹练挂遥峰'，俱不足以拟其状也。盖余所见瀑布，高峻数倍者有之，而从无此阔而大者，但从其上侧身下瞰，不免神悚。"从那时起，黄果树瀑布就渐渐被人们认为是中国第一瀑布。

　　数百年来，黄果树瀑布的雄姿一直为许多文人学者所惊叹。清代贵州著名书法家、"颐和园"三字的题额者严寅亮在"望水亭"题写的对联:"白水如棉,不用弓弹花自散。红霞似锦,何须梭织天生成",更是形象生动地概括了黄果树瀑布的壮丽景色。

14. 黔灵山公园

黔灵山公园位于贵阳市中心区西北,其南接枣山路,东近八鸽岩路,东北有市北路,北至关刀岩、小关水库,西连长坡岭林场、七冲岭、三桥村及圣泉。占地面积3.32平方千米,因有"黔南第一山"之称的黔灵山而得名,是国内为数不多的大型综合性城市公园之一。以明山、秀水、幽林、古寺、圣泉、灵猴而闻名遐迩,有"贵在城中,美在自然"之称。园内峰峦叠翠,古木参天,林木葱茏,古洞清涧,深谷幽潭,景致清远,是贵州高原一颗璀璨的明珠。

公园由三岭湾猕猴观赏园、弘福寺、麒麟洞、动物园、黔灵湖等景点及盘山步道组成,并建有旱地雪橇、观光索道等先进的游乐设施。猕猴观赏园中驯化散养野生猕猴七百余只,游客在此可充分领略人与动物和谐相处的自然情趣。公园于1998年入选为中国名园,2001年被国家旅游局评定为"AAAA国家等级旅游区（点）"，2009年被国家林业局、教育部和共青团中央授予"国家生态文明教育基地"称号。

15. 梵净山

梵净山位于贵州省铜仁市，得名于"梵天净土"。1978年，梵净山被列为国家级自然保护区。同年，联合国教科文组织将梵净山列入全球"人与生物圈"保护区网。梵净山总面积为775.14平方千米，其中遗产地面积402.75平方千米，缓冲区面积372.39平方千米。主要保护对象是以黔金丝猴、珙桐等为代表的珍稀野生动植物及原生森林生态系统，森林覆盖率达97.6%，有植物2000余种（其中国家保护植物31种），动物801种（其中国家保护动物19种），被誉为"地球绿洲""动植物基因库""人类的宝贵遗产"。

梵净山于 2018 年 10 月 17 日被评为国家 5A 级旅游景区,国家级自然保护区,于 2008 年 6 月 30 日被评为中国十大避暑名山,中国著名的弥勒菩萨道场,国际"人与生物圈保护网"(MAB)成员,同时也是第 42 届世界遗产大会认定的世界自然遗产。2018 年 7 月 2 日,中国贵州省梵净山在巴林麦纳麦举行的世界遗产大会上获准列入世界自然遗产名录。

梵净山四季分明,春天青峰滴翠,山花烂漫,十里飘香;夏天瀑布挂帘,深潭如镜;秋天天高气爽,红叶如霞;冬天则银装素裹,冰雕玉砌。梵净山是一个旅游、避暑、赏花、赏雪的好去处。

四、相关知识链接

我国被列入"世界遗产名录"的旅游资源可查《中国文化和旅游年鉴》。

五、任务分组

学生任务分配表

班级		组号		指导教师	
组长		学号			
组员	姓名	学号	姓名		学号
任务分工					

六、任务实施

任务工作单

组号：＿＿＿＿＿＿＿ 姓名：＿＿＿＿＿＿＿ 学号：＿＿＿＿＿＿＿

引导问题：

(1)请结合你所学的内容写出家乡或熟悉的绿色研学旅游资源。

(2)选择一个本地的研学旅游资源带旅客身临其境。

_____

_____

_____

_____

_____

_____

_____

_____

_____

_____

_____

_____

_____

_____

_____

_____

_____

_____

_____

_____

_____

七、评价反馈

个人自评表

组号：_____ 姓名：_____ 学号：_____ 班级：_____ 组名：_____ 日期：____年__月__日

评价指标	评价内容	分数	分数评定
信息检索	能有效利用网络、图书资源、字典等查找相关信息	5分	
感知课堂生活	熟悉、认同课堂学习氛围； 在学习中能构建课堂生态文化	5分	
参与态度	积极主动与教师、同学交流，相互尊重、理解； 与教师、同学之间能够保持多向、丰富的信息交流	15分	
	能处理好合作学习和独立思考的关系，做到有效学习； 能提出有意义的问题或能发表个人见解	15分	
知识、能力获得	能清晰地知晓所介绍景点的特色	35分	
思维态度	能发现问题、提出问题、分析问题、解决问题	10分	
自评反馈	能按时保质完成任务； 能较好地掌握知识点； 具有较强的信息分析能力和理解能力； 具有较为全面、严谨的思维能力，并能条理清晰地表达成文	15分	
自评分数			
有益的经验和做法			
总结反馈建议			

组内互评表

组号：_____ 姓名：_____ 学号：_____ 　　　　日期：____年__月__日

验收组长	
验收成员	
验收资料清单	（被验收人完成的任务工作单）

评价指标	评价内容	分数	分数评定
参与态度评价	该同学能积极主动与教师、同学交流，相互尊重、理解；与教师、同学之间能够保持多向、丰富的信息交流	25分	
	该同学能处理好合作学习和独立思考的关系，做到有效学习；能提出有意义的问题或能发表个人见解	35分	
知识、能力掌握评价	组内成员能掌握贵州自然绿色研学旅游资源	40分	
评价分数			
有针对性的改进建议			

八、任务总结

_____

_____

_____

_____

_____

_____

_____

项目三　绿色研学旅游线路设计概述

一、学习目标

1. 知识目标

掌握贵州绿色研学资源线路。

2. 能力目标

通过学习本模块的内容,了解贵州绿色研学旅游资源的主要内容及旅游线路设计。

3. 思政目标

培养学生了解贵州的绿色旅游资源特色以及对绿色研学旅游资源的保护。

二、任务分析

1. 重点

掌握贵州绿色研学旅游资源的主要旅游线路设计思路。

2. 难点

让学生了解贵州绿色研学旅游资源。

三、区域绿色研学旅游线路设计

1. 黔中路线

黔中地区是指贵州省中部。对于时间不是特别充足的朋友,黔中路线是最合适的游玩路线。黔中地区的山水自然风光多种多样,有天河潭、红枫湖、百花湖、香火岩、南江大峡谷、桃源河、猴耳天坑等。人文景观资源也十分丰富,有青岩古镇、阳明文化园、高坡苗乡、多彩贵州城等。

2. 赤水河旅游路线

赤水河,流经贵州省毕节市、金沙县、仁怀市、习水县和赤水市,沿岸地区盛产茅台、习酒、郎酒等知名白酒,又被誉为"美酒河"。赤水河流域的旅游资源十分丰富。赤水河流域的丹霞地貌是我国最大的丹霞地貌区,赤水丹霞与其他5大丹霞地貌组合而成的"中国丹霞"被列入世界自然遗产;这里的瀑布数量超过1000个,最有名的有赤水大瀑布、四洞沟瀑布群;这里的森林覆盖率非常高,有竹海国家森林公园、桫椤国家级自然保护区、习水国家级自然保护区等。

3. 乌蒙山旅游路线

乌蒙山是贵州最高的山脉,核心地带位于六盘水市、毕节市西部的威宁县、赫章县、纳雍县一带。乌蒙山是贵州风景最壮观的地区,此处拥有贵州最高的山峰——韭菜坪,贵州最大的天然湖泊——草海,贵州最大的草原——乌蒙大草原。乌蒙山是乌江、北盘江、南盘江、横江、赤水河等河流的发源之地,山高谷深,形成了乌蒙大地缝、北盘江大峡谷、牛栏江大峡谷等峡谷风光。

4. 安顺—织金路线

安顺—织金一带是贵州喀斯特风光较集中的地区,这里的自然景观和人文景观都非常丰富,是贵州夏季旅游不容错过的地区。这里主要的景点有黄果树瀑布(中国最大的瀑布)、织金洞(世界地质公园)、坝陵河峡谷、龙宫风景名胜区、云峰屯堡、天龙屯堡、红枫湖樱花、格凸河风景名胜区等。安顺市居住的少数民族主要是布依族,石头寨、高荡村、滑石哨就是比较有名的布依族村寨。

5. 苗岭苗寨路线

苗岭是贵州四大山脉之一,也是长江水系和珠江水系的分水岭。苗岭横亘于贵州东南部,这一带是贵州苗族的主要聚居地,因此称为苗岭。其中最为有名的是西江千户苗寨,除此之外,还有中国银饰艺术之乡——控拜村,中国鸟笼文化艺术之乡——卡拉村,蜡染艺术之乡——排莫村,木鼓舞艺术之乡——反排村。另外,郎德苗寨、红阳苗寨、新桥苗寨也十分值得游玩。

6. 贵州侗区路线

贵州侗族主要生活在黎平、从江、榕江、天柱和锦屏五个县,其中聚居在天柱县和锦屏县的是北侗族。北侗族受汉文化的影响很深,保留了大量的宗祠群和古建筑,著名的有天柱三门塘宗祠和锦屏隆里古城。聚居在黎平县、榕江县和从江县的是南侗族,南侗族保持了原生态的生活方式,比较著名的侗寨有侗乡第一寨——肇兴侗寨,侗族生态博物馆——堂安侗寨,侗族大歌之乡——小黄侗寨,还有占里侗寨、高增侗寨、巨洞侗寨等。地跨6县的月亮山地区生活着很多其他原生态的民族,这里比较出名的寨子有"瑶族药浴"之乡——高华瑶寨,中国最后一个枪手部落——岜沙苗寨,世界超短裙之乡——空申苗寨,还有摆贝苗寨等。除了寨子外,这里还有中国最美三大梯田之一的加榜梯田。

7. 黔南路线

黔南路线主要指的是都匀、荔波、三都、独山、平塘一带。这里是贵州喀斯特地貌最美、最壮观的地区,有世界自然遗产——荔波茂兰喀斯特森林、平塘国家地质公园,还有斗篷山、归兰山、紫林山等自然风光。除了自然风光,这里的民族村寨也比较多,主要以集中在三都地区的水族为主,如怎雷水寨、姑鲁水寨、板告水寨等。此外,还有荔波瑶山古寨、都匀格多苗寨等。

8. 黔西南路线

黔西南路线以兴义为中心,该地区地貌主要以峰林为主,除了著名的万峰林以外,还有万重山景区、贞丰双乳峰景区、海庄峰林等。除了峰林,这里自然景观还有马岭河峡谷、万峰湖、兴仁放马坪、北盘江大峡谷等。人文景观方面,比较有名的有南龙布依古寨、纳灰村等。历史遗迹方面,有晴隆二十四道拐、安龙永历皇宫、南明十八先生墓等。

9. 武陵山路线

贵州武陵山山区主要位于铜仁市,这里的景区以梵净山为首,加上武陵山脉的其他高峰(如六龙山、腊尔山、佛顶山等),组成秀丽的喀斯特风光和自然保护区。有山就有河,如乌江、锦江等河流,形成了锦江画廊、乌江国家地质公园、乌江百里画廊等风光。在群山之中,分布着许多世外桃源般的民族村寨,如中国土家族第一村——云舍村,贵州唯一的羌族村寨——漆树坪,梵净山下的寨沙侗寨,佛顶山下的楼上古寨等。

10. 毕节线路

毕节市位于贵州省西北部,其与贵阳市、遵义市并称为"贵州金三角"。雄奇壮美,点染毕节山水风光之"秀";天赐"凉"方,造就毕节康养福地之"爽";辉煌历史,铸就毕节人文风韵之"厚"。毕节周边的大方县、织金县、黔西县、金沙县,古代是水西安氏土司的管辖之地,保留了很多水西文化遗产,如大方县的奢香墓、奢香博物馆,毕节县和金沙县的土司庄园等。自然风光方面,有乌江源百里画廊(东风湖)、织金洞世界地质公园、百里杜鹃风景名胜区、油杉河大峡谷、九洞天等气势磅礴的景区。

11. 黔北路线

黔北路线主要位于大娄山地区,包括遵义、绥阳、湄潭、正安、道正、务川等地。这里生态自然环境十分优越,但是地势险要,喀斯特的景观密集,有中国最长的溶洞——双河溶洞,中国第一地缝——十二背后等;还有宽阔水国家自然保护区、九道水国家森林公园、仙人山等秀丽的自然风光。人文景观方面,有世界文化遗产——海龙囤,红色旅游景点——遵义会议会址和娄山关等。

四、按月份的贵州绿色研学旅游线路设计

(一)一月

【打卡主题】激情滑雪,让你尽享南国雪中乐趣。

【推荐了解】六盘水玉舍雪山滑雪场、贵阳高坡云顶滑雪场、盘州乌蒙滑雪场、安顺黄果树奇遇岭冰雪小镇、桐梓大娄山滑雪场、荔波冰雪水世界主题乐园、遵义思达欢乐谷滑雪馆等。

1. 六盘水玉舍雪山滑雪场

玉舍雪山滑雪场位于玉舍国家森林公园内,其最高海拔2268米,最低海拔2198米,海拔高度差为70米,是全国纬度最低的高山滑雪场。玉舍雪山滑雪场平均积雪厚度超过10厘米,是贵州滑雪的热门目的地,滑雪场分为5个功能区:滑雪区、戏雪区、雪地摩托区、停车区、餐饮购物区,主要有单板公园、雪地摩托、雪地悠波球、雪上飞碟、雪地冲锋舟等滑雪项目,可以让游客在雪地里尽情飞驰。

2. 贵阳高坡云顶滑雪场

高坡云顶滑雪场坐落于贵阳市花溪区高坡乡云顶草原,距离贵阳市中心约46千米。高坡云顶滑雪场海拔约1600米,常年气温比市区低3~4 ℃。高坡云顶滑雪场占地面积约480亩,目前已建成初级滑雪道2条,中级滑雪道2条,雪圈道8条,雪地摩托区约3000平方米,能同时接待约2600人。

3. 安顺黄果树奇遇岭冰雪小镇

黄果树奇遇岭冰雪小镇是以秘境、迷雾为主题的欧洲风情小镇,整个园区由"街巷奇遇""生态奇遇""冰雪奇遇""白马奇遇"及"夜空奇遇"五大"奇遇"主题园区组成。奇遇岭冰雪小镇拥有目前西南地区最大的四季室内滑雪场,是不折不扣的冰雪乐园。滑雪场总面积1.5万平方米,滑道长度为157米,宽53米,可同时容纳800人滑雪。

(二)二月

【打卡主题】温泉康养,洗去冬日倦怠。

【推荐了解】铜仁石阡温泉、思南九天温泉、贵阳息烽温泉、六盘水百车河温泉、六枝落别温泉、瓮安花间池春上温泉、遵义枫香温泉、凯里剑河温泉、盘州刘官胜境温泉、绥阳水晶温泉、黄平浪洞森林温泉等。

1. 铜仁石阡温泉

石阡温泉风景名胜区为首个国家级温泉群风景名胜区,国家4A级旅游景区,位于贵州省石阡县南部城南松明山下。石阡温泉又名城南温泉,是中国最古老的温泉之一。石阡温泉富含丰富的硒、锶、锂、氡、锌、碘、偏硅酸等多种对人体养生保健有益的微量元素,对糖尿病、冠心病、高血压、关节炎、神经炎、皮肤病等有很好的辅助医疗效果。可浴可饮的铜仁石阡温泉可以让游客在水汽氤氲间祛除工作疲惫、洗净尘世烦恼、收获健康身心,畅享温泉舒心忘忧之惬意,感受贵州独特的冬日暖意。

2. 贵阳息烽温泉

息烽温泉是全国著名八大温泉之一,地处黔中,位于息烽城东北40千米的天台山脚下,距贵阳市111千米,海拔高度700米,四面环山,周边林木茂密,风光优美,主要有天台丛林、清流鸣琴、白石涌泉、奇石观瀑、慈云生佛、洪水古营、豸角凌云、高桥天生等八大景点。息烽温泉有7处热气腾腾的涌泉眼,水质优良,富含硒、铜、锌、铁、锶等10余种人体所需的矿物元素,可辅助治疗多种疾病。温泉水晶莹清澈,泉眼不断冒出串串气泡,像无数滚动的玉珠。现已在此建有疗养院、医院,是集疗养、旅游、娱乐、度假于一体的休闲胜地。

3. 六盘水百车河温泉

百车河温泉位于水城区百车河景区内,这里的建筑加入汉文化元素,并依托独有的地理环境和水域延伸,经过大自然的雕刻,到处都流露出浓浓的古韵气息。温泉日出水量达2000立方米,常年恒温53 ℃,水中富含矿物质硒,已达到饮用水标准,水质清澈透明。

多彩贵州研学旅行课程资源

百车河景区位于水城区西南部,距城区19千米,处地热河谷区。景区建设规划面积9.02平方千米,分三大核心区,重点打造人文景观及公共基础设施。百车河景区温泉特色小镇位于景区第一核心,与温泉康养养生产业衔接,点缀河道两岸。来百车河温泉沐浴汤池,和风做伴,与泉为友,在氤氲雾气中享受独处的宁静,感受生活诗意的一面。

(三) 三月

【打卡主题】阳春三月踏青赏花,多彩贵州花潮涌动。

【推荐了解】贵安新区樱花园、安顺龙宫油菜花田、兴义万峰林、贵定音寨、凤冈长碛古寨、开阳十里画廊、南明永乐乡、从江洛香镇、石阡五德镇、岑巩客楼镇等。

1. 贵安新区樱花园

贵安新区樱花园位于红枫湖畔,隶属于贵安新区高峰镇。这里早在2002年就开始大规模种植樱花树,如今已种植超过70万棵樱花树,总占地面积超过2.4万亩,堪称"贵州最佳樱花观赏区"。园区内有观景台、繁樱广场、漫樱园三个核心景观区,临水连片的樱花壮观秀美。3月伊始,贵安新区万亩樱花怒放,阳光透过花瓣,映射出梦幻光影,春风拂过,樱花如雨,美不胜收。漫步花海间,如云似雪,让人沉醉不知归路,吸引无数游客游览打卡。

2. 安顺龙宫油菜花田

贵州油菜花景观以"立体多层,起伏跌宕"著称,尤其以安顺龙宫风景区的喀斯特山地油菜花景为最。在安顺市龙宫漩塘景区内,有一片金色花海。竞相绽放的油菜花里,巨大的繁体"龙"字清晰可见,满目金黄香百里,一方春色醉千山。每年3月这里都会举行油菜花节,金黄色花海令人难以忘怀。当然,除了油菜花外,还有桃花、梨花等也在春风的吹拂下竞相开放,争奇斗艳,蔚为壮观。欣赏美妙风景之余,还可领略当地精彩的民族风情。绝美的风景搭配独特的人文,构成一幅完美的春色画卷。在油菜花海的映衬下,山峦峰林也变得亮丽了起来,黄绿相间的色彩点缀着这片土地,潺潺的溪流声好似音乐,飞舞的蝴蝶好似舞者,沉默的山林好似演员,你我皆是观众,静看这大山里上演的音乐剧。

3. 兴义万峰林

万峰林景区位于贵州省兴义市东南部,是全国油菜花开得最早的地方,三月正值最佳观赏时期。一片片油菜花田被六座金字塔形状的锥状山峰环抱,油菜花沿着纳灰河不断地漫延开来,金黄色的花海将乡村田野涂抹成了一幅生趣盎然的山水田园画。这里是绝美的拍照打卡胜地,既可以乘坐景区观光车或小火车兜风赏景,遨游在金色花海中;又可以乘坐浪漫的热气球俯瞰大大的"福"字,为新春增添福气;还可以穿着传统的民族服饰到油菜花田里拍一组美照,感受民族文化的魅力。盛开的油菜花沐浴着和煦的春风,清香扑鼻,绽放的花蕾带着晶莹的露珠,使下纳灰村铺就了一场"满城尽带黄金甲"的春天盛宴。

(四)四月

【打卡主题】茶山养心,杜鹃花海。

【推荐了解】遵义湄潭万亩茶海、凤冈茶海之心、余庆松烟茶海、普安万亩茶场、都匀螺蛳壳茶园、开阳云山茶海、毕节百里杜鹃景区、独山紫林山杜鹃花海、乌蒙大草原杜鹃花海、赫章千年杜鹃花海等。

1.湄潭万亩茶海

遵义湄潭有"中国名茶之乡"的美称。蓝天白云下,万亩茶海如波似浪,似涛如潮,馨香扑鼻,翠色可餐,让人享受洗眼、洗心、洗肺的惬意。这里的山是温情的,水是柔软的,湄潭的时空弥漫着茶的馨香历史,4.3万多亩茶园碧天一色,展示出了一幅荡心涤肺的壮丽图画。这幅画的核心区域是世界上连片面积最大的茶园——中国茶海,其位于贵州省湄潭县永兴镇境内,是世界上面积最大的茶海，杭瑞高速从茶海穿过，并在景区设有匝道口，交通十分方便。置身"中国茶海"，绿涛延绵、茶海扬波，使人为宽广的茶海胸怀所折服，世间万物在此时变得那么渺小，放眼望去，采茶姑娘忙碌的身影在万里碧波中犹如一只只美丽的蝴蝶在飞舞，让人恍若进入了人间仙境。

2. 开阳云山茶海

云山茶海位于贵阳市东部的开阳县禾丰乡马头村。因为海拔高，常年云雾环绕，如诗如画而得名云山茶海，是一个集品茗、休闲、娱乐、餐饮服务于一体的绿色生态旅游景区，是开阳青龙十里画廊的重要景点之一。这里生态系统好，土质偏酸，盛产富硒茶。漫步茶园，林木葱茏，茶园依山顺势，绿野遍坡，空气中茶香荡漾，令人心旷神怡。如若阳春三月，气温回升，茶山云雾缭绕，嫩绿的新芽迎春俏立，一片片茶园碧绿如染。随处可见采茶女子，背着背篓，穿梭于茶树间。她们的身影在云雾中若隐若现，仿佛幽兰点缀于茶园间。不时有山歌传来："三月里来百花开，坡岭茶树长新芽；阿妹上山把茶采，阿哥家里烘茶忙；明前茶叶卖好价，哥妹荷包鼓起来……"歌声悠扬婉转，让人在秀色可餐的茶山绿野中，如痴如醉。

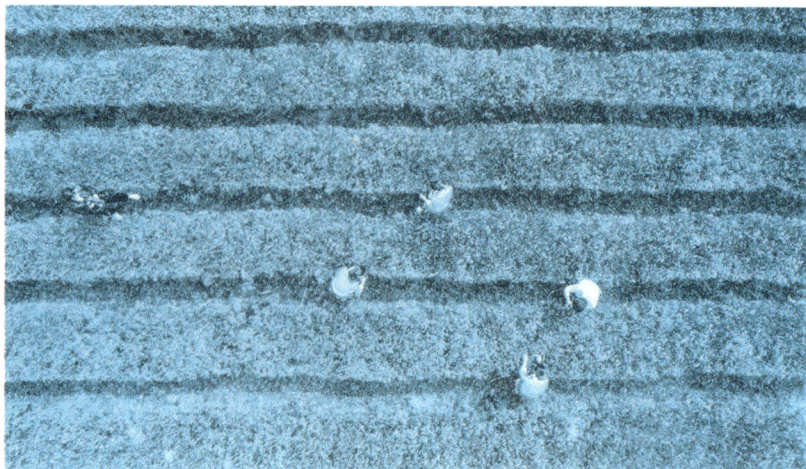

3. 毕节百里杜鹃

俗话说："春有百花秋有月,夏有凉风冬有雪。"想要在春天邂逅世界最美的花园,必定要到毕节欣赏百里杜鹃。崇山峻岭中,杜鹃花争相怒放,色彩斑斓。

百里杜鹃风景名胜区是国家 5A 级旅游景区、国家生态旅游示范区、世界唯一杜鹃花国家森林公园、省级自然保护区、全国低碳旅游实验区、亚洲·大中华区十大自然原生态旅游景区、世界上最大的天然花园。绵延 125.8 平方千米的原始杜鹃林带,拥有 6 个亚属 46 个杜鹃花品种,包括马缨杜鹃、大白花杜鹃、水红杜鹃、露珠杜鹃等。最难得的一树不同花(即在一棵树上开出不同颜色的花朵)可达 7 种之多。树龄千年的杜鹃花王,花开季节繁花万朵,独树成春,是迄今为止地球上发现的最大杜鹃花树。

(五)五月

【打卡主题】休闲度假。

【推荐了解】遵义赤水河谷国家级旅游度假区。

1. 赤水竹海国家森林公园

竹海国家森林公园位于贵州省赤水市城东40多千米,公园占地面积106.66平方千米,是世界上面积最大、海拔最高的竹类国家森林公园。竹海国家森林公园内分3个景段,中心景点为野竹坪观光休闲区,还有"天锣""地鼓""八仙树""夫妻树"等奇特的自然景观。公园有楠竹17万亩,遍布群山峻岭,登上公园"观海楼",凭栏眺望,一望无际的莽莽绿原,铺山盖岭。1994年,中国人民解放军总政治部原代理秘书长兼军事物馆馆长贾若瑜将军回到赤水老家,特地游览了"天锣""地鼓"景观,并写诗颂赞:虺江曲曲绕青螺,疑似瑶池落凤坡。绿海阶梯鸣地鼓,丹岩绝壁听天锣。迎风自有千山竹,伴月能无万岁桫。大好自然偏赤水,蓬莱仙境此间多。

2. 赤水大瀑布

赤水大瀑布景区是国家4A级旅游景区,也是世界自然遗产地核心景区之一。赤水大瀑布被誉为"世界丹霞第一大瀑布",瀑布高76米,宽81米,瀑水从悬崖绝壁上倾泻而下,似万马奔腾,气势磅礴。瀑布周围树木繁茂,四季葱茏。景区内还有许多值得打卡的景点,例如,十丈洞大瀑布、中洞瀑布、奇兵古道、香溪湖、石笋峰、会水寺摩崖造像等,偶尔还能看到奇妙的"佛光环",其会随行人移动,一人一环,妙不可言。

3. 佛光岩景区

佛光岩景区位于贵州省赤水市元厚镇，主要由小金驿沟、世外桃源、太阳谷、犁辕沟、豹子沟等五大景段构成。

佛光岩景区素有"世界丹霞之冠""丹霞第一园""赤景一绝"等美誉，以"丹霞绝壁、天下奇观"的大白岩和"天造地设、鬼斧神工"的五柱峰为主体景观，令人叹为观止。

佛光岩中间有一条高200余米，宽40余米的柱状大瀑布，犹如赤云中飞身而下的小白龙。来到这里不仅可以看到血红似火的丹霞奇景，还能看见飞流直下的美丽瀑布。

（六）六月

【打卡主题】红色旅游。

【推荐了解】遵义会议会址纪念馆、黎平会议会址、乌江江畔、习水土城四渡赤水纪念馆、汇川娄山关景区、仁怀茅台渡口、瓮安猴场会议纪念馆、毕节鸡鸣三省旅游景区等。

1. 鸡鸣三省旅游景区

鸡鸣三省旅游景区的"重走长征路"观光步道地处云贵川三省交界处贵州境内的观音岩上,岩壁险、奇、峻,是峡谷探险、徒步锻炼、观光游览的绝佳之地。景区常年举办"重走长征路"系列活动,使游客能通过体育旅游的方式,实地体验中国革命伟大转折的光辉历程。

"红军不怕远征难,万水千山只等闲。五岭逶迤腾细浪,乌蒙磅礴走泥丸。"在万里长征中,红军走过了贵、闽、粤、湘、黔等14个省,经过了五岭山脉、湘江、乌江、金沙江、大渡河及雪山草地等万水千山,在乌蒙大地上书写了托起革命旭日的"鸡鸣三省会议"。

1935年2月3日至5日,中共中央和中央革命军事委员会在"鸡啼叫,三省皆闻"的小村子里,召开了中共党史、军事史上具有转折意义的著名会议——鸡鸣三省会议。鸡鸣三省会议对遵义会议进行补充和完善,作出一系列重大决策和重要部署,进一步清除了"左"倾教条主义在党内的严重影响,解决了遵义会议没有来得及解决的中央最高层组织调整问题,是中国革命伟大转折中的重要一环。2002年,共青团贵州省委授予鸡鸣三省"贵州青少年爱国主义教育基地"称号。

2. 猴场会议会址

猴场会议是中共中央政治局在长征途中继通道会议、黎平会议之后,遵义会议之前召开的关于战略转折的一系列会议中的一次重要会议,它被周恩来誉为"伟大历史转折的前夜"。

1934年12月31日至1935年1月1日在黔南布依族苗族自治州瓮安县猴场镇召开的猴场会议,是红军长征过程中的一次重要会议。会议否决了李德、博古等人的错误主张,确定了正确的战略方针,初步形成了以毛泽东为核心的军事指挥中枢,为遵义会议的成功召开和长征的最终胜利奠定了基础。

（七）七月

【打卡主题】激情漂流，纵情山水之间。

【推荐了解】黔东南施秉杉木河、黔南荔波水春河、镇远高过河、修文桃源河、绥阳清溪峡、开阳南江大峡谷、福泉蛤蚌河、桐梓水银河等。

1. 施秉杉木河漂流

杉木河漂流被称为"矿泉水上漂"，以清澈晶莹的溪水、奇峰异石、芳草佳木构成的峡 谷风光为特色,还能体验峡谷涉水、休闲度假、科考探险等旅游项目,每年都吸引了各地游客纷至沓来。杉木河两岸植被丰盈,青山绿水间含有丰富的负氧离子,被称为"天然氧吧"。如今施秉杉木河漂流景区经过开发,以其浪漫、惊险、刺激的自助漂流闻名遐迩,先后被评为"中国最惊险刺激的六大漂流胜地""国家精品旅游景区"。

2. 荔波水春河漂流

荔波水春河长达 13 千米,以布依族古寨水春寨而得名,是水春河风景区最长的一条峡谷,也是荔波樟江风光最为秀丽的一段。水春河作为贵州著名漂流景点之一,奇峰绝壁夹江锁岸,构成了"十三道浪,七重滩"的奇险景观,成为漂流历险的胜地。江流如练,动静相间,张弛相济,奇峰绝壁,游人破浪击水漂流而下,过急滩时碧波飞溅,人舟瞬间淹没江水中,令人惊心动魄;泛舟于绿水白云间,则格外宁静清幽,宛在画中游。

3. 镇远高过河漂流

高过河风景区由原始森林、峡谷、深潭、险滩、飞瀑、激流构成。34 平方千米的景区内,原生态植被丰富,古木参天,奇花异草,种类繁多,是一个天然植物园。景区内千年古树以及国家一、二级保护树种(如南方红豆杉、罗汉松、水杉、银杏等),随处可见;野鸭金雕,出没其间;林幽谷静,潭秀瀑美,动静结合,野趣盎然;青山绿水间,还不时有天然壁画、奇峰怪石如神来之笔。其中有国家一级景点3个,国家二级景点20多个。雄、险、奇、幽、美、妙交相生辉,造化神奇,尤其是独具特色的古耳瀑布,险雄俊秀,卓尔不凡。年平均气温 12.5 ℃,享有"休闲胜地、度假天堂"的美誉。

独具魅力的高过河漂流,是高过河旅游最刺激、最令人心旷神怡的项目。漂流全长 5 千米,漂流用时 3 小时,险滩 11 处,漂流落差 200 米,是夏季避暑、漂流休闲的绝佳之地。在享受惊险刺激的同时,还可感受高过河两岸令人流连忘返、拍案叫绝的峡谷景观。

（八）八月

【打卡主题】避暑度假到贵州。

【推荐了解】爽爽的贵阳、瀑乡安顺、"中国凉都"六盘水。

1. 爽爽的贵阳

爽爽的贵阳，是值得人们到访长留的地方。这里夏无酷暑，冬无严寒，紫外线辐射强度低，气候宜人，空气清新，环境优美，水质优良，被誉为"中国避暑之都"。其整个城区都被茂密的森林环绕，是一座山城相间、城林相融的现代化都市，也是中国第一个"国家森林城市"。

2. 瀑乡安顺

避暑度假到瀑乡安顺，可以穿行在喀斯特山水自然画卷中，看瀑布壮美，赏溶洞奇景，饱览山水自然之美，尽享清凉。

3."中国凉都"六盘水

"中国凉都"六盘水,地处贵州西部乌蒙山区,夏季平均气温 19.8 ℃～22 ℃。气候凉爽、舒适、滋润、清新,紫外线辐射强度适中,被中国气象学会授予"中国凉都"称号,是我国唯一以气候特征命名的城市。全年凉爽舒适气候天数超过 223 天,空气湿度适中。以清风为伴、美景相随、一夏清凉等特色在众多避暑度假旅游目的地中脱颖而出。

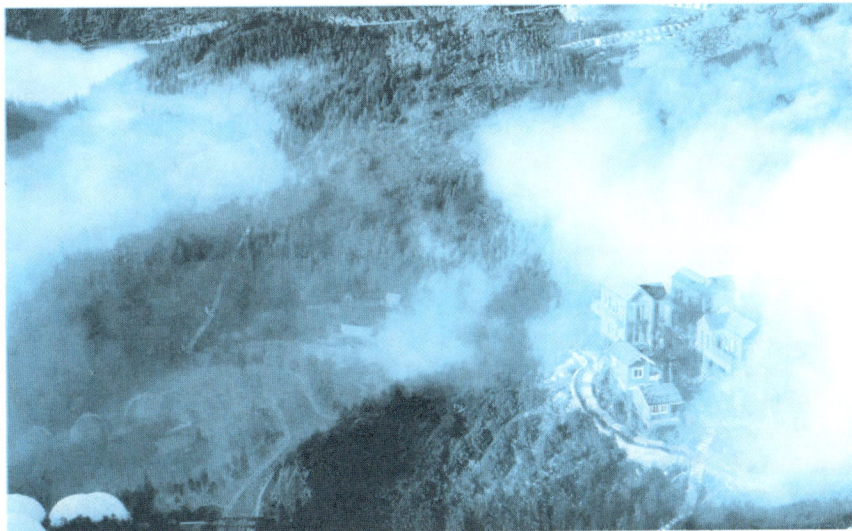

(九)九月

【打卡主题】秋色斑斓,迷人秋韵撩人心弦。

【推荐了解】从江加榜梯田、桐梓尧龙山梯田、花溪高坡梯田、赤水宝源梯田、黎平堂安梯田、丹寨高要梯田、惠水摆榜梯田、余庆红渡梯田等梯田,韭菜坪、雷公山、佛顶山等大山,盘州妥乐村、乌当黄连村、龙里大草原等。

1. 从江加榜梯田

金秋的从江加榜梯田,稻谷在阳光照耀下犹如披上一层黄金甲,绽放出诗意、梦幻般的美。满山金黄的稻谷与苗家吊脚楼、树木、小路相映,色彩斑斓,动人心魄。

2. 丹寨高要梯田

每次提到贵州秋天的美景,金灿灿的高要梯田都必然在列,可见它秋日的美美得不容忽视。高要梯田位于贵州省丹寨县高要村。梯田呈明显的梯带形状,顺着山势,层层叠叠,从山顶一直延伸至沟底。梯田像一条条美丽的苗家腰带,装点着雄浑的大山。岁月早已过去几百年,辛勤的苗家儿女年复一年地在这里耕耘、繁衍,年年岁岁演绎着特有的农耕文化与大地艺术。每到秋天,高要梯田充满了一种令人欢快愉悦的金黄色,甚至连那里的风也是金黄色的。

3. 盘州妥乐村

看银杏,一定要去妥乐村。当第一片银杏叶落下的时候,盘州这个鲜为人知的村庄,摇身一变,成了画中江湖。妥乐村既是世界古银杏之乡,又是中国六大最美赏秋地。这里有小桥流水、古老村落、古树绵绵、奇峰傍寺。妥乐村拥有古银杏1200余株,一般树龄在300年以上,最长者达1500年,树干高达几十米,是世界上古银杏生长密度最高、保存最完好的地方。来到妥乐村的那一刻,才明白什么是坠入金黄的世界。整个村庄被银杏叶染成了梦幻的金黄色,石头路上、青瓦屋顶上、小桥上、清澈如练的小溪里……到处都有它的身影。

模块三 绿色研学旅游资源

（十）十月

【打卡主题】赏自然风光、生态美景。

【推荐了解】黔南荔波小七孔、茂兰国家级自然保护区。

1. 荔波小七孔

小七孔景区是国家级风景名胜区，是樟江风景名胜区的四大风景片区之一，于 2007 年 6 月 27 日以其喀斯特森林系统及其生物多样性成为贵州第一个世界自然遗产地，也是中国最美丽的地方之一。该景区在宽仅 1.5 千米、长 19 千米的狭长幽谷里，集洞、林、湖、瀑、石、水多种景观于一体，玲珑秀丽，令游客目不暇接，有"超级盆景"的美誉。

小七孔景区秀丽奇艳，68 级瀑布如银链飘动，拉雅瀑布如珍珠雨落，水上森林如梦幻仙境，鸳鸯湖澄碧翠绿，水上古树浓荫繁茂，卧龙潭幽深静谧，天钟洞深邃莫测，在世界上的自然风光中独具一格。

2. 茂兰国家级自然保护区

茂兰国家级自然保护区位于贵州省黔南布依族苗族自治州荔波县境内，毗邻广西木论国家级自然保护区。保护区地处中亚热带季风湿润气候区,为典型的喀斯特峰丛漏斗和峰丛洼地地貌。保护区海拔在 430~1078 米,总面积 212.85 平方千米,主要保护对象为喀斯特森林生态系统及其珍稀野生动植物资源。保护区内山川秀丽,四季如春,集山、水、林、洞、湖、瀑、险滩、急流于一体,浓缩了贵州山水风光的所有精华。

(十一)十一月

【打卡主题】民族风情。

【推荐了解】黔东南雷山县城、黎平肇兴侗寨。

1.雷山苗年

苗年是苗族人民展示苗族服饰、信仰、饮食和歌舞等文化的重要节日。走进苗年,人们就能感受到四周弥漫着浓浓的苗族千百年来农耕文明发展的气息,这种气息让人心荡神摇,欲割难舍,久久不能忘怀。雷山苗年是最具规模、最有影响力、活动最丰富的苗族盛会,也是国家级非物质文化遗产。苗年期间会举行非遗巡游展演展示、千人长桌宴、全国苗歌大赛、苗族芦笙舞乐大赛、银饰刺绣技艺大赛、千名姑妈回娘家等独具民族特色的活动。

2. 侗年

侗年是侗族感谢祖先保佑的传统节日,是侗族家人团圆、庆贺丰收的节日,同时也是侗族文化大展示的节日,2011年列为第三批国家级非物质文化遗产名录。侗年最重要的仪式是"斗莎"(即唱祭祖歌),"斗莎"的目的除了祭祀祖先外,还是老人们将民族优秀传统文化发扬光大的一种形式。无论是小孩、成人,还是青年人新婚伊始,老人们都要通过"斗莎",教育大家须明辨是非、勤俭持家、尊老爱幼等。在黔东南黎平肇兴侗寨过侗年,听一曲犹如天籁之音的侗族大歌,跳起芦笙舞,品尝特色美食,欢欢喜喜过侗年,赴一场终生难忘的侗族盛宴。

(十二)十二月

【打卡主题】梦幻雪景。

【推荐了解】梵净山、雷公山、韭菜坪。

冬雪梵净坪

1. 梵净山

银装素裹的梵净山,隐去了几分硬朗,多了几分娇媚。冬季里纤尘不染的梵净山,犹如待嫁的新娘,皑皑白雪宛若蕾丝婚纱衬托着那若隐若现的山峦和枝丫,层次分明。在梦幻云海、风光雪景中去感受梵天净土的圣洁禅意,如同赴一场神秘、静谧的心灵之约。

2. 雷公山

冬天的雷公山,北风呼呼地刮过山顶,越过树梢。雪花在空中飞舞,草地上仿佛铺上了一层厚厚的白色地毯,又松又软,人踩在上面发出咯吱咯吱的声响。迷人的冰挂,如梦如幻,身在其中无不感叹大自然的绝妙和神奇。云海连绵气象万千,雾凇奇观如诗如画,整个雷公山银装素裹,分外妖娆。

3. 韭菜坪

如果说花开时节,韭菜坪是五彩缤纷,那么,冬天雪后的韭菜坪就是粉妆玉砌。"素颜"的韭菜坪,亦是美得张扬。"顶级"的贵州雪景当然少不了有"贵州屋脊"之称的韭菜坪,乘坐索道到达山顶,放眼望去,白茫茫一片,美得让人惊叹。一场雪,堆积的是皑皑白羽,沉淀的是屋脊壮美。一步亦景色,步步皆景色。

五、相关知识链接

其他相关知识详见小程序"一码游贵州"。

一码游贵州

六、任务分组

学生任务分配表

班级		组号		指导教师	
组长		学号			
组员	姓名	学号	姓名		学号
任务分工					

七、任务实施

任务工作单

组号：＿＿＿＿＿＿＿　　姓名：＿＿＿＿＿＿＿　　学号：＿＿＿＿＿＿＿

引导问题：

(1)想一想，如果你作为一名贵州绿色研学旅行旅游资源的线路设计者，应该如何去规划旅游线路。

(2)你认为大家应该如何保护大自然给予的绿色研学旅游资源？

＿＿＿＿＿＿＿＿＿＿＿＿＿＿＿＿＿＿＿＿＿＿＿＿＿＿＿＿＿＿＿＿＿＿＿＿

＿＿＿＿＿＿＿＿＿＿＿＿＿＿＿＿＿＿＿＿＿＿＿＿＿＿＿＿＿＿＿＿＿＿＿＿

＿＿＿＿＿＿＿＿＿＿＿＿＿＿＿＿＿＿＿＿＿＿＿＿＿＿＿＿＿＿＿＿＿＿＿＿

＿＿＿＿＿＿＿＿＿＿＿＿＿＿＿＿＿＿＿＿＿＿＿＿＿＿＿＿＿＿＿＿＿＿＿＿

＿＿＿＿＿＿＿＿＿＿＿＿＿＿＿＿＿＿＿＿＿＿＿＿＿＿＿＿＿＿＿＿＿＿＿＿

＿＿＿＿＿＿＿＿＿＿＿＿＿＿＿＿＿＿＿＿＿＿＿＿＿＿＿＿＿＿＿＿＿＿＿＿

＿＿＿＿＿＿＿＿＿＿＿＿＿＿＿＿＿＿＿＿＿＿＿＿＿＿＿＿＿＿＿＿＿＿＿＿

＿＿＿＿＿＿＿＿＿＿＿＿＿＿＿＿＿＿＿＿＿＿＿＿＿＿＿＿＿＿＿＿＿＿＿＿

＿＿＿＿＿＿＿＿＿＿＿＿＿＿＿＿＿＿＿＿＿＿＿＿＿＿＿＿＿＿＿＿＿＿＿＿

＿＿＿＿＿＿＿＿＿＿＿＿＿＿＿＿＿＿＿＿＿＿＿＿＿＿＿＿＿＿＿＿＿＿＿＿

＿＿＿＿＿＿＿＿＿＿＿＿＿＿＿＿＿＿＿＿＿＿＿＿＿＿＿＿＿＿＿＿＿＿＿＿

＿＿＿＿＿＿＿＿＿＿＿＿＿＿＿＿＿＿＿＿＿＿＿＿＿＿＿＿＿＿＿＿＿＿＿＿

＿＿＿＿＿＿＿＿＿＿＿＿＿＿＿＿＿＿＿＿＿＿＿＿＿＿＿＿＿＿＿＿＿＿＿＿

＿＿＿＿＿＿＿＿＿＿＿＿＿＿＿＿＿＿＿＿＿＿＿＿＿＿＿＿＿＿＿＿＿＿＿＿

＿＿＿＿＿＿＿＿＿＿＿＿＿＿＿＿＿＿＿＿＿＿＿＿＿＿＿＿＿＿＿＿＿＿＿＿

＿＿＿＿＿＿＿＿＿＿＿＿＿＿＿＿＿＿＿＿＿＿＿＿＿＿＿＿＿＿＿＿＿＿＿＿

＿＿＿＿＿＿＿＿＿＿＿＿＿＿＿＿＿＿＿＿＿＿＿＿＿＿＿＿＿＿＿＿＿＿＿＿

＿＿＿＿＿＿＿＿＿＿＿＿＿＿＿＿＿＿＿＿＿＿＿＿＿＿＿＿＿＿＿＿＿＿＿＿

八、评价反馈

个人自评表

组号：_____ 姓名：_____ 学号：_____ 班级：_____ 组名：_____ 日期：____年__月__日

评价指标	评价内容	分数	分数评定
信息检索	能有效利用网络、图书资源、字典查找相关信息等	5分	
感知课堂生活	熟悉、认同课堂学习氛围； 在学习中能构建课堂生态文化	5分	
参与态度	能积极主动与教师、同学交流，相互尊重、理解； 与教师、同学之间能够保持多向、丰富的信息交流	15分	
	能处理好合作学习和独立思考的关系，做到有效学习； 能提出有意义的问题或能发表个人见解	15分	
知识、能力获得	通过学习本模块内容，学会规划家乡线路设计； 能真正掌握贵州绿色研学旅游资源线路设计	35分	
思维态度	能发现问题、提出问题、分析问题、解决问题	10分	
自评反馈	能按时保质完成任务； 能较好地掌握知识点； 具有较强的信息分析能力和理解能力； 具有较为全面严谨的思维能力，并能条理清晰地表达成文	15分	
自评分数			
有益的经验和做法			
总结反馈建议			

组内互评表

组号：_____　姓名：_____　学号：_____　　　　　日期：____年__月__日

验收组长	
验收成员	
验收资料清单	（被验收人完成的任务工作单）

评价指标	评价内容	分数	分数评定
参与态度评价	该同学能积极主动与教师、同学交流，相互尊重、理解； 与教师、同学之间能够保持多向、丰富的信息交流	25分	
	该同学能处理好合作学习和独立思考的关系，做到有效学习； 能提出有意义的问题或能发表个人见解	35分	
知识、能力掌握评价	该同学能掌握贵州绿色研学旅游资源线路设计； 通过学习本模块内容，该同学能规划自己家乡绿色研学旅游资源的线路	40分	
评价分数			

有针对性的改进建议	

模块四

多彩民族文化旅游资源

项目一　多彩民族文化旅游资源的概述

过往的历史是民族文化旅游资源吗?

贵州是中国古人类发祥地之一。早在六十多万年前就有人类活动的足迹,先民们在这里生息繁衍,创造远古文化,除了黔西观音洞、中水鸡公山,还有桐梓人、大洞人、兴义人、穿洞人等遗址、遗迹,无不向世界诉说着在那个时代所发生的一切。文化的多元并存、共同发展,形成了贵州文化的特殊现象。战国、秦汉时期,贵州高原古夜郎文化已繁荣发展。魏晋以后至唐、宋、元时期,贵州与外界的经济文化交流密切,贵州文化广纳中原文化及周边地域文化之长,经过融会贯通,明清时期达到鼎盛,于是有了土司文化、阳明文化。在革命战争年代,我们又拥有了长征文化、抗战文化。这些独特的文化无不代表着贵州在每一个历史时期经历的对本土文化的固守以及与外来文化的融合,而这一切,已由我们所拥有的众多的文物保护单位以及令人眼花缭乱的非物质文化遗产所彰显。

思考:阅读上述案例,想想这是民族文化研学旅游资源吗?想一想自己的家乡或学校所在地附近有哪些丰富的民族文化研学旅游资源。

一、学习目标

1.知识目标

(1)学习了解民族文化旅游资源。

(2)掌握民族文化旅游资源的概念。

2.能力目标

宣传民族文化旅游资源。

3.思政目标

培养学生理解并宣传民族文化旅游资源,传承民族文化基因,培养爱国情怀。

二、任务分析

1.重点

掌握民族文化旅游资源的历史。

2.难点

让学生们了解民族文化旅游资源,掌握民族文化旅游资源的意义。

三、任务描述

(一)认识多彩民族文化旅游资源

民族文化资源中能够作为民族文化旅游活动的载体,具有旅游吸引力和旅游开发价值,集历史传统文化教育、先进文化传播、旅游经济拓展等价值和功能于一体的特殊的主题式民族文化资源,即民族文化旅游资源。

（二）多彩民族文化研学旅游的概念

多彩民族文化研学旅游是指由学校根据民族区域特色、学生年龄特点和各学科教学内容需要,组织学生通过集体低碳旅行、集中食宿的方式走出校园,在与平常不同的生活中拓展视野、丰富知识,增强学生的切身体验。

（三）多彩民族文化研学旅游的特点

多彩民族文化研学旅游具有以下特点。

(1)唤醒文化自信。

民族文化的丰富性、生动性与多样性既展现了中华文化的绚丽多姿,又在推动着中华文化的现代转化与创新。就民族文化在研学旅游实践活动中的教育意义而言,它至少具有三大价值:一是有助于增进学生的文化认同和文化理解,培养他们对祖国传统文化的深厚情感,促进中华文化的传承和发展。二是有助于培养具有社会主义核心价值观的一代新人。三是有助于深化教育改革,全面培养学生的责任意识。

(2)促进文化参与。

学生通过研学旅游的方式体验多彩民族文化,获得参与实践的丰富经验,提高传承民族文化需要的问题意识、实践能力、创新精神等良好的综合素质,这对学生的人生智慧、生活方式、思维方式和价值观念的形成与确立不仅仅是一种"材料",更成为一种"养料"。

(3)体会文化之美。

通过多彩民族文化研学旅游,可以让学生学会感知美、理解美、创造美。

(4)绽放文化魅力。

多彩民族文化研学旅游可以使学生在活动中增强民族自尊心和责任感,养成强烈的民族文化认同感和民族自豪感,具备国际交流、理解、合作、竞争的能力,成为有中国灵魂、有世界眼光的现代人。

四、相关知识链接

(1)民族文化旅游: https://baike.baidu.com/item/%E6%B0%91%E4%BF%97%E6%97%85%E6%B8%B8/2891893?fr=ge_ala

五、任务分组

学生任务分配表

多彩贵州研学旅行课程资源

班级			组号		指导教师	
组长			学号			
组员	姓名	学号		姓名		学号
任务分工						

六、任务实施

任务工作单

组号:_____ 姓名:_____ 学号:_____

引导问题:

(1)多彩民族文化旅游资源有哪些?

(2)多彩民族文化研学旅游具有哪些特点?

_____

_____

_____

_____

_____

_____

_____

_____

_____

_____

_____

_____

_____

_____

_____

_____

_____

_____

_____

七、评价反馈

个人自评表

组号：_____ 姓名：_____ 学号：_____ 班级：_____ 组名：_____ 日期：____年__月__日

评价指标	评价内容	分数	分数评定
信息检索	能有效利用网络、图书资源、字典查找相关信息等	5分	
感知课堂生活	熟悉、认同课堂学习氛围； 在学习中能构建课堂生态文化	5分	
参与态度	能积极主动与教师、同学交流，相互尊重、理解； 与教师、同学之间能够保持多向、丰富的信息交流	15分	
	能处理好合作学习和独立思考的关系，做到有效学习； 能提出有意义的问题或能发表个人见解	15分	
知识、能力获得	了解民族文化旅游资源的历史	15分	
	能够列举出民族文化旅游资源历史意义； 能写出民族文化旅游资源地的导游词	20分	
思维态度	能发现问题、提出问题、分析问题、解决问题	10分	
自评反馈	能按时保质完成任务； 能较好地掌握知识点； 具有较强的信息分析能力和理解能力； 具有较为全面严谨的思维能力，并能条理清晰地表达成文	15分	
自评分数			
有益的经验和做法			
总结反馈建议			

组内互评表

组号：_____ 姓名：_____ 学号：_____   日期：_____年___月___日

验收组长	
验收成员	
验收资料清单	（被验收人完成的任务工作单）

评价指标	评价内容	分数	分数评定
参与态度评价	该同学能积极主动与教师、同学交流，相互尊重、理解； 与教师、同学之间能够保持多向、丰富的信息交流	15分	
	该同学能处理好合作学习和独立思考的关系，做到有效学习； 能提出有意义的问题或能发表个人见解	15分	
知识、能力掌握评价	组内成员能掌握民族文化旅游资源的历史	30分	
	组内成员能简述民族文化研学旅游资源的特点	40分	
评价分数			

有针对性的改进建议	

项目二　多彩民族文化旅游资源的简介

● **学习导读**

中华民族文化源远流长,内涵深刻。中华民族的文化思想在优秀传统文化经典中得到了全面而集中的表达。从小学习传统文化,不仅能够加深对中国传统文化的理解,更好地继承优秀传统文化,而且有利于提高学生的文化水平。中国优秀传统文化,是中华民族之魂,包含着中华人文精神的基因,是中国人永久的精神家园,是制造型人才所必备的精神底蕴。要弘扬中华民族文化,认识中华传统文化的博大精深,增进学生对中国悠久历史文化等各方面的理解,增强学生的民族自豪感,让学生得到文学的滋养,汲取中华民族文化的精华,提高学生的人文素养,促进学生成为一代具有丰厚文化底蕴的新世纪人才。

一、学习目标

1. 知识目标

(1)知晓贵州民族文化旅游资源。

(2)掌握贵州民族文化旅游资源所具备的特点。

2. 能力目标

推荐民族文化旅游资源,并作详细介绍。

3. 思政目标

培养学生具备旅游资源保护意识。

二、任务分析

1. 重点

掌握贵州众多民族文化旅游资源。

2. 难点

让学生了解贵州民族文化旅游资源。

三、贵州的多彩民族文化旅游资源

1. 西江千户苗寨

西江千户苗寨坐落于贵州省黔东南苗族侗族自治州雷山县西江镇,是中国最大的苗寨。在西江千户苗寨,苗族的农耕、节日、银饰、服饰、饮食、歌舞等民风民俗世代相传,是领略和认识中国苗族漫长历史与发展的首选之地,被中外人类学家和民俗学者认为是保存苗族"原始生态"文化比较完整的地方,有"中国苗都"的美誉。由于受耕地资源的限制,生活在这里的居民充分利用地形特点,在半山腰建造独具特色的木结构吊脚楼,千余户吊脚楼随着地形的起伏变化,鳞次栉比,蔚为壮观。西江每年的苗年节、尝新节、牯藏节等均名扬四海。西江千户苗寨是一座露天博物馆,展览着一部苗族发展的史诗,成为观赏和研究苗族传统文化的大看台。

2. 纳孔布依古寨

纳孔布依古寨是一个有着600多年历史的布依族村寨,位于黔西南布依族苗族自治州贞丰县,距离贞丰县城约15千米,近百户人家全为布依族。"纳孔"是布依语,意译为田产丰收。相传清同治七年(1868年),纳孔布依古寨出身的罗国昌立下战功,当上"千总"后,为了方便本寨人赶集,交易物资,将集镇迁到纳孔布依古寨内,使纳孔布依古寨的经济得到发展,纺织的土布、生产的纺织工具等通过该场坝交易,甚至远销到广西、云南等地。纳孔布依古寨的自然风光别具一格,民居依傍在美丽的三岔河沿岸,寨前绿水荡漾,视野开阔;寨中红枫林、橘林装点着三岔河岸;寨内随处可见奇石异景,著名的有"美女梳妆""怨女望夫"等独特景观。位于古寨西南方向的"豹子洞",洞中景观犹如缥缈的神话世界。

3. 岜沙苗寨

岜沙苗寨位于贵州省从江县丙妹镇,距从江县城 7.5 千米。岜沙苗寨保留着佩带火枪(岜沙持枪获得公安机关特别批准)、镰刀剃头、祭拜古树等古老的生活习俗。岜沙苗寨被称为"中国最后一个枪手部落""苗族文化的活化石"。岜沙苗寨为多姓村,主要由滚、王、贾、吴、易、蒋等姓氏构成,其中滚姓人口最多,是最早到岜沙定居的家族。

4. 肇兴侗寨

肇兴侗寨位于贵州省黔东南苗族侗族自治州黎平县东南部,是全国最大的侗族村寨之一,素有"侗乡第一寨"之美誉。肇兴侗寨全为陆姓侗族,分为五大聚落,分居五个自然片区,当地称之为"团",即仁团、义团、礼团、智团、信团。大山之间翠绿葱茏,掩映着几百幢干栏式吊脚楼,多数已逾数百年,有的甚至有千年的历史。民居均为一色的青瓦木楼,古朴自然,鳞次栉比,错落有致,蔚为壮观。和白天一样,夜晚的侗寨很是安静,迎着微风,穿行于小桥流水间,耳畔除了潺潺的流水声,隐约还能听到虫鸣鸟叫。作为标志性建筑的鼓楼、戏台,闪烁着光芒,在夜色中格外显眼,仿佛在诉说着侗寨的千年历史。

5. 天龙屯堡

西进云南的咽喉之地聚居着一个与众不同的汉族群体——屯堡人,他们的语音、服饰、民居建筑及娱乐方式与周围村寨迥异,这一独特的汉族文化现象被人们称为"屯堡文化",最有代表性的是天龙屯堡。天龙屯堡位于贵州省安顺市天龙镇,是安顺极具代表性的屯堡村寨之一,具有 600 年的悠久历史。屯堡人如今在语言、服饰、建筑、宗教信仰、生活风俗、饮食文化等方面,仍保留着 600 年前的传统,被人类学家称为"明代生活的活化石"。屯堡内有天龙学堂、屯堡文化体验馆、沈万山故居、演武堂、九道坎、三教寺、茶驿等旅游景点。其中沈万山故居具有浓郁的江南风情,距今已有 600 多年的历史。

6. 荔波瑶山古寨

瑶族是我国南方古老而历史悠久的少数民族,长期"倚山而居""吃尽一山则他迁",形成"南岭无山不有瑶"的格局。瑶山古寨位于美丽的世界自然遗产地——荔波,是贵州最古老、最具民族魅力的村寨,也是白裤瑶(瑶族的一个支系)的主要聚居地。有些地方仍保留着"刀耕火种"的原始耕作方式和原始粗犷的民族遗风,被誉为"原始社会遗存的活化石",而白裤瑶也被人类学家称为"东方印第安人"。昔日因贫瘠而闻名的瑶山,避居蛮荒之地的瑶族,承关怀而巨变,经历了 4 次迁徙终于形成了一个古老民族文化与现代文明交相辉映的白裤瑶聚居村落。

7. 平塘卡蒲毛南族乡

卡蒲毛南族乡,隶属于贵州省黔南布依族苗族自治州平塘县,地处平塘县城东部,是贵州省文化艺术之乡、猴鼓舞艺术之乡。卡蒲毛南族乡场河村交懂寨是一个典型的毛南族聚居村寨,是贵州毛南族最原始、最古老、最正宗的发祥地,民族文化底蕴深厚,传承至今有 1300 多年的历史,传统节日(如火把节、迎春节、女儿节、町熅节、赶坡节)独具特色,虎头帽、毛南土布、手工刺绣等民族工艺源远流长,毛南族原生态舞蹈"打猴鼓舞"反映巫术礼仪、丧葬驱魔、避邪求吉、敬奉精灵等内容,是研究毛南族民族文化、民族习俗的活化石。被列入国家级非物质文化遗产名录。

8. 三都水族自治县

三都水族自治县隶属于贵州省黔南布依族苗族自治州，是中国唯一的水族自治县。三都自然风景美如画，在四季更迭中展现着一幅幅中国山水画。"水乡绿海、黔南明珠"的尧人山国家森林公园、万亩杜鹃花海的老王山、水韵咕噜·石破天惊的咕噜产蛋崖，以及云海中的野记村、百里画廊、水墨都江等都让人流连忘返。同时，这里还保存有水族抗日旧址石板寨、县城都柳江南岸周公祠东侧民族碑林、水龙引朗石板墓、羊福崖墓、都江古城垣、都江"万人坟"等人文景观。水族在历史长河中创造了极其丰厚的文化，如水书、端节、卯节、马尾绣等。

9. 堂安侗寨

堂安侗寨位于贵州省黎平县肇兴乡。堂安侗寨居住着侗族村民160余户,800多人,住户散居在"班柏""几定"两支山脉和"贵近"冲。大多数房屋取南北向,全寨人以嬴、陆两姓为主,还有潘、蓝、吴、杨、石等姓氏和睦相处,其中,陆姓与潘姓又有大陆、小陆、大潘、小潘之分。堂安侗寨的鼓楼、戏楼、吊脚楼民居、石板路、古瓢井以及水碾、石碓、纺车等古朴典雅的实物,都蕴藏着深厚的侗族文化内涵。堂安侗寨是人类返璞归真的范例,这里有着深远的历史科学研究价值,有着侗族文化以及侗族风情研究价值,有着侗民族旅游资源开发价值和人类生态保护价值。

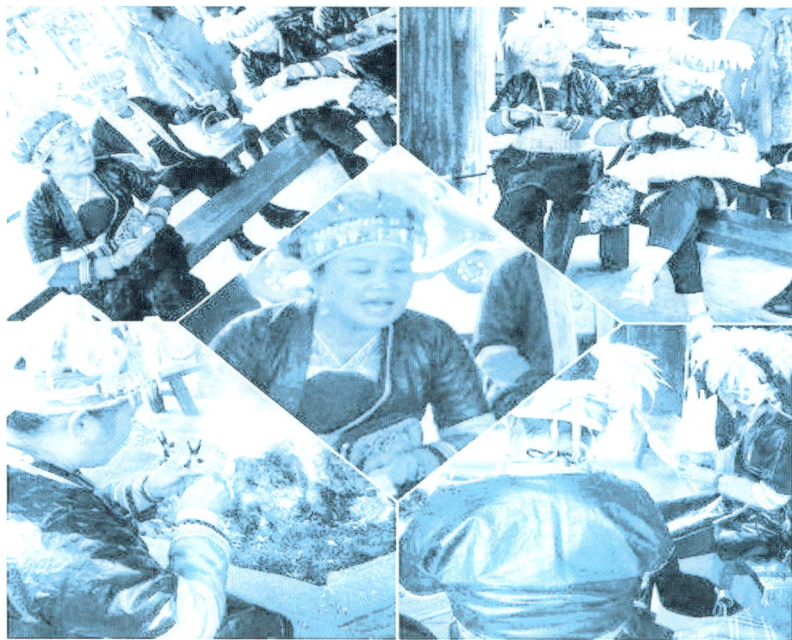

四、相关知识链接

我国被列入"世界遗产名录"的旅游资源可查《中国文化和旅游年鉴》。

五、任务分组

学生任务分配表

班级		组号		指导教师	
组长		学号			
组员	姓名	学号	姓名		学号
任务分工					

六、任务实施

任务工作单

组号:＿＿＿＿＿＿＿＿＿ 姓名:＿＿＿＿＿＿＿＿＿ 学号:＿＿＿＿＿＿＿＿＿

引导问题:

(1)请结合你所学的内容写一篇有关民族文化旅游资源的文章。

(2)选择一个民族文化旅游资源,并通过你的讲述尝试带着同学们身临其境。

七、评价反馈

个人自评表

组号：_____ 姓名：_____ 学号：_____ 班级：_____ 组名：_____ 日期：____年__月__日

评价指标	评价内容	分数	分数评定
信息检索	能有效利用网络、图书资源、字典查找相关信息等	5分	
感知课堂生活	熟悉、认同课堂学习氛围； 在学习中能构建课堂生态文化	5分	
参与态度	能积极主动与教师、同学交流，相互尊重、理解； 与教师、同学之间能够保持多向、丰富的信息交流	15分	
	能处理好合作学习和独立思考的关系，做到有效学习； 能提出有意义的问题或能发表个人见解	15分	
知识、能力获得	能清晰的知晓所介绍景点的特色	35分	
思维态度	能发现问题、提出问题、分析问题、解决问题	10分	
自评反馈	能按时保质完成任务； 能较好地掌握知识点； 具有较强的信息分析能力和理解能力； 具有较为全面严谨的思维能力，并能条理清晰地表达成文	15分	
自评分数			
有益的经验和做法			
总结反馈建议			

组内互评表

组号：_____ 　　姓名：_____ 　　学号：_____ 　　　　　　　日期：_____年___月___日

验收组长	
验收成员	
验收资料清单	（被验收人完成的任务工作单）

评价指标	评价内容	分数	分数评定
参与态度评价	该同学能积极主动与教师、同学交流，相互尊重、理解；与教师、同学之间能够保持多向、丰富的信息交流	25分	
	该同学能处理好合作学习和独立思考的关系，做到有效学习；能提出有意义的问题或能发表个人见解	35分	
知识、能力掌握评价	组内成员能了解贵州多彩民族文化旅游资源	40分	
评价分数			
有针对性的改进建议			

八、任务总结

_____

_____

_____

_____

_____

_____

_____

项目三　多彩民族文化旅游线路设计概述

一、学习目标

1.知识目标

掌握贵州民族文化旅游资源线路。

2.能力目标

通过学习本模块的知识,了解贵州民族文化旅游资源的主要内容及其旅游线路设计。

3.思政目标

培养学生了解贵州的民族文化旅游资源特色以及如何保护民族文化旅游资源。

二、任务分析

1.重点

掌握贵州多彩民族文化旅游线路设计思路。

2.难点

让学生了解贵州民族文化旅游资源的历史来源和意义。

三、多彩民族文化区域研学旅游线路设计

1.黔南民族文化旅游线路

民族文化旅游线路:惠水苗族文化——三都水族文化——平塘毛南族乡文化——罗甸布依族文化——荔波瑶山古寨。黔南有着非常悠久的多彩民族历史文化,将此处作为了解贵州的第一站,见证黔南从古至今的发展历史,并从中领会"敢闯新路、敢于突破、敢于胜利"的宝贵民族精神。

2.黔东南民族文化旅游线路

民族文化旅游线路:西江苗族文化——翠里瑶族、壮族文化——岜沙苗寨——肇兴侗寨。黔东南自然风光绚丽多姿,古迹胜景古朴,民族风情浓郁独特,历史文化悠久,是中国的一颗璀璨明珠。

3.黔西南民族文化旅游线路

民族文化旅游线路:纳孔布依族文化——南龙布依族文化——马岭营上古寨——鲤鱼苗寨。想要了解贵州的民族文化,那么贵州黔西南民族文化肯定是必不可少,黔西南地貌类型奇特,岩溶面积分布广,自然风光各具特色,民族风情古朴浓郁,旅游资源非常丰富。

四、按地域的贵州多彩民族文化旅游线路设计

(一)黔南多彩民族文化旅游线路

【打卡主题】了解贵州多彩民族文化、学习民族文化知识。

【推荐了解】三都水族文化博物馆、荔波瑶山古寨、平塘毛南族乡文化、罗甸布依族文化、惠

水苗族文化。

四海之内皆兄弟,中华民族一家亲。走进黔南,你会看见一个美丽的传说,它的美不是奢华的美,是大自然真实的美、是浓厚的民族风情美、是人民淳朴善良的美、是全州的山水风光迷人的美。

(二)黔东南多彩民族文化旅游线路

【打卡主题】了解贵州多彩民族文化、学习民族文化知识。

【推荐了解】西江苗族文化、翠里瑶族、壮族文化、岜沙苗寨民族文化、肇兴侗寨民族文化。

黔东南作为全国苗族、侗族文化的核心地,各族人民与山相安生、与水共流长,共同创造了各美其美、美美与共的民族民间文化。民族文化底蕴深厚的黔东南遗产资源灿若繁星,以刺绣、银饰、蜡染、编织、民族医药、民俗活动等为代表。黔东南推出了"苗疆非遗研学主题体验走廊"和"百里侗寨非遗主题体验走廊"等精品路线。

（三）黔西南多彩民族文化旅游线路

【打卡主题】了解贵州多彩民族文化、学习民族文化知识。

【推荐了解】纳孔布依族文化、南龙布依族文化、马岭营上古寨民族文化、鲤鱼坝苗寨民族文化。

　　黔西南布依族苗族自治州属贵州省下辖自治州，位于贵州省西南部，素有"西南屏障"和"滇黔锁钥"之称。黔西南不仅有神奇的自然风光、浓郁的民族风情、优美的人居环境，还有极其厚重的历史文化。民族古镇是历史文化的承载，更是文化传承的桥梁。想要了解一座城市的过往，走进民族古镇是一种很好的方式，通过文物与历史对话，可以穿过时空的阻隔，俯瞰历史的风风雨雨。

（四）遵义市多彩民族文化旅游线路

【打卡主题】了解贵州多彩民族文化、学习民族文化知识。

【推荐了解】仡佬之源景区、龚滩古镇、海龙屯遗址。

　　遵义是有名的历史文化名城，历史悠久，文化灿烂，具有丰富的文化旅游资源，有以遵义会议会址、四渡赤水纪念馆为代表的红色文化旅游资源，以茅台酒为代表的酒文化旅游资源，以海龙屯为代表的民族遗产文化旅游资源，以道真、务川仡佬族、苗族为代表的少数民族文化旅游资源，以及茶文化、美食文化等。

（五）铜仁市多彩民族文化旅游线路

【打卡主题】了解贵州多彩民族文化、学习民族文化知识。

【推荐了解】九龙湖苗族文化、苗王城文化、印江团龙民族文化、美女峰土家族文化。

　　铜仁民族民俗风情园区主要由土家族寨、苗族寨、侗族寨、仡佬族寨等十几个民族村寨组成，各寨建筑各具民族特色。在这里，可以观看民族歌舞表演，了解铜仁独特的风俗民情、生活习惯。具有民族特色的造物布景，传统节目表演，民族文化展示，使游客能够更好地了解各民族的文化特色。

（六）毕节市多彩民族文化旅游线路

【打卡主题】了解贵州多彩民族文化、学习民族文化知识。

【推荐了解】威宁彝族"撮泰吉"文化、纳雍苗族文化、奢香博物馆文化、织金古建筑群文化。

　　毕节是个多民族聚居地，这里的风土人情多姿多彩，民俗礼仪古老独特，如别具情趣的彝族迎亲，苗族的牛角酒，回族的道"色兰"，彝族、苗族丧葬习俗，布依族婚俗等，都独具一格。奢香博物馆、可乐遗址（夜郎古都）、彝族大屯土司庄园、黔西观音洞遗址（旧石器时代）等史前文物和建筑群，展示着古人类的历史遗踪和夜郎古国的神秘、灿烂的民族文化。多彩的民族服饰，原生态的民间音乐，婀娜多姿的民族舞蹈，彰显出民族民间文化的无穷魅力。

五、相关知识链接

其他相关知识详见小程序"一码游贵州"。

一码游贵州

六、任务分组

多彩贵州研学旅行课程资源

学生任务分配表

班级		组号		指导教师	
组长		学号			
组员	姓名	学号	姓名	学号
任务分工					

七、任务实施

任务工作单

组号:_____ 姓名:_____ 学号:_____

引导问题:

(1)想一想,如果你是一名贵州民族文化旅游资源的线路设计者,应该如何去设计旅游线路。

(2)你认为大家应该如何保护民族文化旅游资源?

_____

_____

_____

_____

_____

_____

_____

_____

_____

_____

_____

_____

_____

_____

八、评价反馈

个人自评表

组号：_____ 姓名：_____ 学号：_____ 班级：_____ 组名：_____ 日期：_____年___月___日

评价指标	评价内容	分数	分数评定
信息检索	能有效利用网络、图书资源、字典查找相关信息等	5分	
感知课堂生活	熟悉、认同课堂学习氛围； 在学习中能构建课堂生态文化	5分	
参与态度	能积极主动与教师、同学交流，相互尊重、理解； 与教师、同学之间能够保持多向、丰富的信息交流	15分	
	能处理好合作学习和独立思考的关系，做到有效学习； 能提出有意义的问题或能发表个人见解	15分	
知识、能力获得	通过学习本模块内容，能学会规划家乡旅游线路； 能真正掌握贵州民族文化旅游资源线路设计	35分	
思维态度	能发现问题、提出问题、分析问题、解决问题	10分	
自评反馈	能按时保质完成任务； 能较好地掌握知识点； 具有较强的信息分析能力和理解能力； 具有较为全面严谨的思维能力，并能条理清晰地表达成文	15分	
自评分数			

有益的经验和做法	
总结反馈建议	

组内互评表

组号：_____   姓名：_____   学号：_____   日期：____年__月__日

验收组长	
验收成员	
验收资料清单	（被验收人完成的任务工作单）

评价指标	评价内容	分数	分数评定
参与态度	该同学能积极主动与教师、同学交流，相互尊重、理解； 与教师、同学之间能够保持多向、丰富的信息交流	25分	
	该同学能处理好合作学习和独立思考的关系，做到有效学习； 能提出有意义的问题或能发表个人见解	35分	
知识、能力掌握评价	该同学能掌握贵州民族文化旅游资源线路设计； 通过学习本模块内容，该同学能规划自己家乡研学旅游基（营）地的线路	40分	
评价分数			

有针对性的改进建议	

模块五 多彩贵州的其他文化

项目一　茶文化的概述

神 农 尝 茶

　　传说神农有一个水晶般透明的肚子,吃下任何东西,人们都可以从他的肚子上看得清清楚楚。那时人们经常生病,神农为了解除人们的疾苦,就把看到的植物都试尝一遍,看看这些植物在肚子里的变化,判断哪些无毒、哪些有毒。一天,神农在试尝植物时中了毒,肠胃变成了黑色,他感到胸闷气短、头晕眼花,就靠在一棵开白花的树旁休息。这时,从树上飘下几片嫩绿的树叶,神农将其放到嘴里咀嚼,咽下汁液,他发现汁液在肚子里流动,所经之处,黑色消失,而且自己也变得神清气爽。此刻,神农明白了:原来他嚼下的树叶能解毒。由于这种汁液在肚子里从上到下流动洗涤,好似巡逻兵在肚子里检查,于是他就把这种树叶称为"查",后来人们又把"查"叫成"茶"。

　　思考:阅读上述案例,想想什么是茶? 茶应该如何饮用? 自己的家乡有哪些茶产品?

一、学习目标

1. 知识目标

(1)掌握茶文化的概念。

(2)掌握茶的分类。

(3)掌握茶的制作工艺。

(4)掌握贵州茶产区及品牌。

2. 能力目标

能够掌握茶的分类、茶文化的概念、茶的制作工艺和贵州茶产区及品牌。

3. 思政目标

中国是世界上最早发现并食用茶叶的国家,茶文化深深地扎根于中国的传统文化中,并且伴随着中国传统文化的发展,茶文化已经不只局限于茶本身,而是已经与中国的民俗和传统文化融合为一个整体,见证了中国历史文明的发展。所以,为了更好地了解茶文化的精髓,跟上民族精神发展的步伐,在学生的思政教育活动中要逐渐融合和渗透茶文化,让学生在学习茶文化中提升思想政治觉悟,从而更好地传播发展民族精神。

二、任务分析

1. 重点

掌握茶的制作工艺和贵州茶产区及品牌。

2. 难点

让学生了解贵州的茶文化,掌握贵州茶产区及品牌和茶的制作工艺。

三、任务描述

(一)茶及茶文化

茶在中国流传已经有几千年的历史。茶是我们日常生活中接触的最普通、最常见的饮料。中国古代将"柴、米、油、盐、酱、醋、茶"并称为"开门七件事",可见茶在中国普通民众生活中的重要性。伴随着几千年茶的发展史,中国也孕育了悠久、深厚的茶文化,成为中华民族灿烂文明的重要组成部分。与此同时,随着世界经济文化的不断交融,茶及茶文化由中国传播到了世界各地,成为中国文化走向世界的一个重要标志。

(二)茶叶的分类

1. 按茶的颜色分类

就茶叶的颜色而言,可将茶叶分为绿茶、白茶、黄茶、青茶(又称乌龙茶)、黑茶、红茶六大类。

2. 按茶的加工方法分类

茶叶按加工方法的不同,可分为基本茶类和再加工茶类。

1)基本茶类

基本茶类是指茶叶鲜叶采摘后经过不同的加工方法,制成品质不同的茶类,包括绿茶、红茶、青茶、白茶、黄茶、黑茶六大基本茶类。

基本茶类按照制造程序,可分为毛茶与精茶两大类。毛茶又称初制茶,是指各种茶叶经初制后的成品,外形比较粗糙。精茶又称精制茶、再制茶、成品茶,是指毛茶经过精制的程序,成为形状整齐、品质划一的成品。

2)再加工茶类

再加工茶类是以基本茶类为原料进一步加工,使茶叶的基本质量、性状发生变化而得到的茶,如花茶、紧压茶、果味茶、草药茶等。其加工过程或是改变了茶叶某些品质特征,或是改变茶叶的形态等。

3. 按采摘时间分类

茶叶按采摘时间的不同,可分为春茶、夏茶、秋茶、冬茶。中国有些地方还将茶叶分为明前茶、雨前茶、六月白、白露茶、霜降茶等。

4.按发酵程度分类

茶叶按发酵程度的不同,可分为不发酵茶、半发酵茶、全发酵茶三个基本种类。

绿茶属于不发酵茶;红茶、黑茶(后发酵)属于全发酵茶;其他茶类发酵程度介于其间,属半发酵茶。

(三)茶的制作工艺

茶的制作工艺序根据不同的茶品种有所不同,具体介绍如下。

(1)绿茶制作工艺流程:杀青→揉捻→干燥,主要品质特征为清汤绿叶。

(2)红茶制作工艺流程:萎凋→揉捻→发酵→干燥,主要品质特征为红汤红叶。

(3)青茶(乌龙茶)制作工艺流程:萎凋→做青→杀青→揉捻→干燥,主要品质特征为绿叶红镶边。

(4)黄茶制作工艺流程:杀青→揉捻→闷黄→干燥,主要品质特征为黄汤黄叶。

(5)黑茶制作工艺流程:杀青→揉捻→渥堆→干燥,主要品质特征为橙黄汤色,醇和滋味。

(6)白茶制作工艺流程:萎凋→干燥,主要品质特征为汤色黄绿清澈,滋味清淡回甘。

(四)品茗

所谓品茶,品的往往是一种感觉,没有一成不变的逻辑,关键是适合自己。品茶大体上可用备、洗、取、沏、端、饮、斟、清八个字来涵盖。

(1)品茶之备:品茶的首道工序,包括对水、茶具、茶叶和环境四方面的相关准备工作。

(2)品茶之洗(温):指对茶具的热烫、清洗过程,主要目的是温杯和消毒。

(3)品茶之取(选):按客人的习惯、喜好,准备各种茶叶品种,以供客人选择饮用。

(4)品茶之沏(泡):沏茶时动作要轻柔而稳重,倒开水也有讲究,把茶壶上下拉三次,即行家所说的"凤凰三点头",有助于使杯中茶叶均匀地吸水。

(5)品茶之端(敬):端茶给客人,万万不可用手抓提杯边缘或直接握住杯身。正确做法应

该是用左手托住杯底,右手稍微扶住杯身即可。

(6)品茶之饮:客人接过茶后,出于礼貌,不应举杯一饮而尽,可从杯口稍呷一小口,让茶水经过舌头,扩散到舌苔,直接刺激味蕾,此时便可体会到品字的含义。

(7)品茶之斟(加):俗话说"浅茶满酒",给客人斟茶时,切忌等客人杯底将露再加茶水,应该勤斟少加。

(8)品茶之清:清洗茶具须等客人离开后方可进行,清洗之后存放好以待下次使用。

1

温杯
用开水烫盖碗、小杯,起到消毒及加温作用。

2

投茶
根据茶具容量及个人口感,投茶5g左右。

3

洗茶
注入85℃左右沸水2~3秒,洗茶,茶汤须倒掉不可饮用。

4

冲泡
再次注入沸水,盖上杯盖2~3秒即可出汤。

5

出汤
将盖碗中的茶汤滤入公道杯中。

6

分杯品饮
可重复冲泡10次以上。第5泡后时间酌情延长。

(五)贵州茶产区及代表品牌

1. 都匀毛尖

这个享有"千年贡茶、百年金奖"美誉的茶叶品牌,是中华老字号的代表之一。其制作工艺独特,通过特殊的育茶环境和精细的制茶工艺,打造出"条索紧细卷曲、银毫披身、色泽绿润"的优美茶形,同时保留了"嫩香持久、香清味鲜、鲜爽回甘"的独特茶香。早在明代,都匀毛尖就被列为上贡之佳品,深受崇祯皇帝的喜爱,曾被赐名为"鱼钩茶"。在黔南的茶山上,至今仍保存着中国仅有的御赐"贡茶碑"。民国四年(1915年),其荣获巴拿马太平洋国际博览会金奖,在国际上享有盛誉。

都匀毛尖以优美的外形、独特的风格被列为中国十大名茶之一。茶香飘万里,吸引着中外来客争相购买。

2. 湄潭翠芽

湄潭翠芽原料以国家级茶树良种湄潭苔茶和福鼎大白茶的无性系茶树生产的鲜叶为主。按照《湄潭翠芽茶》地方标准(DB52/T 478—2018)原料要求分为三级:特级为单芽至一芽一叶初展;一级为一芽一叶,二级为一芽二叶初展;要求原料嫩、匀、鲜、净,无病虫芽叶、破损芽叶、紫芽叶、单片叶、对夹叶等。湄潭翠芽外形扁平直、匀整,隐毫稀见,色泽绿翠,香气清芬悦鼻,粟香浓并伴有新鲜花香,滋味醇厚爽口,回味甘甜,汤色黄绿明亮,叶底嫩绿匀整。

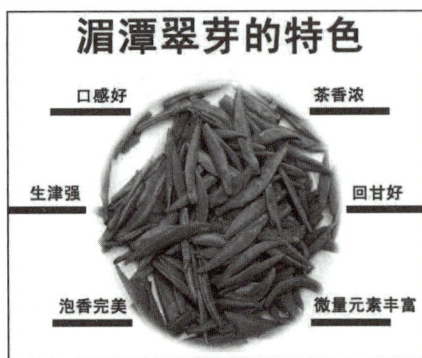

3. 凤冈锌硒茶

锌硒茶是因土壤里含有天然的锌硒元素,通过茶树种植,使之自然吸收于茶叶中,其茶叶浸泡所析出的锌硒元素易于人体吸收,天然无毒副作用。凤冈锌硒茶不但富含人体所需的17种氨基酸,且富含锌硒微量元素,其锌含量为 $55.4\sim103.2$ mg/kg,硒含量为 $1.38\sim2.03$ mg/kg,正是人体所需的最佳适宜量。凤冈锌硒茶外形紧细显毫,色泽绿润,汤色绿亮,香高持久,滋味鲜爽回甘,叶底嫩绿匀亮。

4. 羊艾毛峰

羊艾毛峰属于绿茶类,产于贵阳市西南远郊区的羊艾茶场。羊艾茶场平均海拔 1300 米,茶园分布于高山台地缓坡,年降雨量 1125 毫米,全年约有 290 天是阴天或雨天,空气较湿润,为茶芽的持嫩性及优异品质提供了良好的外界条件。羊艾毛峰于 1984 年被评为贵州省地方四大名茶之一。羊艾毛峰的外形细嫩匀整,条索紧结卷曲,银毫满披,色泽翠绿油润;内质清香馥郁,汤色绿亮,滋味清纯鲜爽,叶底嫩绿匀亮。

四、相关知识链接

贵州各茶叶产区基本介绍和茶叶的储存环境要求详见二维码。

贵州各茶叶产区基本介绍

茶叶的储存环境的要求

五、任务分组

学生任务分配表

班级		组号		指导教师	
组长		学号			
组员	姓名	学号		姓名	学号
任务分工					

六、任务实施

任务工作单

组号：＿＿＿＿＿＿＿　　姓名：＿＿＿＿＿＿＿　　学号：＿＿＿＿＿＿＿

引导问题：

(1) 不同民族的饮茶习俗会各不相同吗？

(2) 各民族青睐的茶饮料是什么？

(3) 品茗环境布置有哪些要求和方法？

_____

_____

_____

_____

_____

_____

_____

_____

_____

_____

_____

_____

_____

_____

_____

_____

_____

_____

_____

七、评价反馈

个人自评表

组号：_____ 姓名：_____ 学号：_____ 班级：_____ 组名：_____ 日期：____年__月__日

评价指标	评价内容	分数	分数评定
信息检索	能有效利用网络、图书资源、字典查找相关信息等	5分	
感知课堂生活	熟悉、认同课堂学习氛围； 在学习中能构建课堂生态文化	5分	
参与态度	能积极主动与教师、同学交流，相互尊重、理解； 与教师、同学之间能够保持多向、丰富的信息交流	15分	
	能处理好合作学习和独立思考的关系，做到有效学习； 能提出有意义的问题或能发表个人见解	15分	
知识、能力获得	能掌握多彩贵州茶文化的概念	15分	
	能说出茶的分类； 能说出如何品茗； 能说出茶的制作工艺有哪些	20分	
思维态度	能发现问题、提出问题、分析问题、解决问题	10分	
自评反馈	能按时保质完成任务； 能较好地掌握知识点； 具有较强的信息分析能力和理解能力； 具有较为全面严谨的思维能力，并能条理清晰地表达成文	15分	
自评分数			
有益的经验和做法			
总结反馈建议			

组内互评表

组号：_____ 姓名：_____ 学号：_____ 日期：____年__月__日

验收组长			
验收成员			
验收资料清单	（被验收人完成的任务工作单）		

评价指标	评价内容	分数	分数评定
参与态度	该同学能积极主动与教师、同学交流，相互尊重、理解；与教师、同学之间能够保持多向、丰富的信息交流	15分	
	该同学能处理好合作学习和独立思考的关系，做到有效学习；能提出有意义的问题或能发表个人见解	15分	
知识、能力掌握评价	组内成员能掌握多彩贵州茶文化的概念；组内成员能掌握贵州茶产区及代表品牌	30分	
	组内成员能掌握茶的分类方法；组内成员能掌握茶的制作工艺；组内成员能掌握品茗的顺序	40分	
评价分数			
有针对性的改进建议			

项目二　酒文化的概述

● 案例导入

　　民国四年(1915 年),万国博览会在巴拿马举办,当时的民国政府将一些茅台酒送到博览会参展,由于当时是用土黄色瓷瓶盛装茅台酒,且展台设置在比较偏僻的角落,毫不起眼,许多外国人对于此酒不屑一顾。前去参会的一名中国官员急中生智,将一瓶茅台酒摔在地上,一时间,酒香四溢,震惊众人。茅台酒一举夺冠,获得金质奖章,从此成为世界三大名酒之一。

　　思考:自己的家乡是否有很出名的白酒呢?

一、学习目标

1.知识目标

(1)掌握白酒的分类。

(2)掌握白酒制作工艺。

(3)掌握贵州茅台酒的品牌故事及特点。

2.能力目标

能够掌握酒文化的概念、掌握白酒的分类、掌握酒的制作工艺。

3.思政目标

　　酒文化在中国已经有几千年的历史,特别是白酒,无论在工艺上还是品质上都享誉世界。酒文化已深深地扎根于中国的传统文化中,并且伴随着中国传统文化的发展,与中国的民俗和传统文化融合为一个整体,见证了中国历史文明的发展。所以,为了更好地了解酒文化的精髓,跟上民族精神发展的步伐,需要了解掌握传统酿酒工艺,培养大国工匠精神。

二、任务分析

1.重点

掌握茅台酒的酿造工艺。

2.难点

让学生了解酒文化,掌握会展茅台的酿造工艺。

三、任务描述

(一)白酒的类别

　　我国白酒种类繁多,地方性强,工艺各有特点,产品各具特色,目前尚无统一的分类方法,现就常见的分类方法简述如下。

　　(1)按酒精含量可分为:①高度酒,是指酒精含量在 51% vol 以上的白酒;②降度酒,是指酒精含量为 41% vol~50% vol 的白酒;③低度酒,是指酒精含量在 40% vol 以下的白酒。

　　(2)按使用的主要原料可分为:①粮食酒,是指用粮谷原料生产的酒,如高粱酒、玉米酒、米酒等;②瓜干酒,部分地区称红薯酒、白薯酒,这类酒的原料是含有淀粉的农作物;③代用原料酒,是指以非粮谷类为原料酿制的酒,如粉渣酒、豆腐渣酒、高粱糠酒等。

(3)按糖化发酵剂可分为：①大曲酒，是指用大曲酿制的白酒。大曲又称块曲或砖曲，以大麦、小麦、豌豆等为原料。大曲酒酿制一般为固态发酵。②小曲酒，是指用小曲酿制的白酒。小曲主要是以稻米、高粱为原料。小曲酒酿制时多采用固态或半固态发酵。我国南方白酒多为小曲酒。③麸曲酒，是指以麸曲为糖化剂，加酒母发酵酿制而成的白酒。其出酒率高，主要流行于我国北方地区。

(4)按香型可分为：①浓香型白酒；②清香型白酒；③酱香型白酒；④米香型白酒；⑤其他香型白酒。

(5)按产品档次可分为：①高档酒。高档酒是指用料好、工艺精湛、发酵期和贮存期较长、售价较高的酒，如名酒类的特曲、特窖、陈曲、陈窖、陈酿、老窖、佳酿等。②中档酒。中档酒是指工艺较为复杂、发酵期和贮存期稍长、售价中等的白酒，如大曲酒、杂粮酒等。③低档酒。低档酒亦称大路货，如瓜干酒、串香酒、调香酒、粮香酒和广大农村销售的散装白酒等。

(6)按生产工艺可分为：①固态法白酒。固态法白酒是采用我国传统工艺，即固态配料、发酵、蒸粮、蒸馏的白酒。②液态法白酒。液态法白酒是采用酒精生产方式，即经液态配料、液态糖化、液态发酵和液态蒸馏而得的白酒。③调香白酒。调香白酒是指用固态法生产的白酒或用液态法生产的酒精经过加香调配而成的白酒。④串香白酒。串香白酒是指用液态法生产的白酒或用液态法生产的酒精经过加香调配而成的白酒。

（二）白酒的制作工艺

1. 选料

粮为酒之肉，一般是将高粱、玉米、小麦、大米、糯米、大麦、荞麦、青稞等粮食和豆类等（不包括薯类与果蔬类）作为原料，要求原料的颗粒均匀饱满、新鲜、无虫蛀、无霉变、无泥沙、无异味、无其他杂物。当然，原料中可能还包括一些辅料。除此之外，水也是重要的原料之一，所谓"水为酒之血""好水酿好酒"，说的就是水源对酿酒的重要意义。

2. 制曲

曲为酒之骨，制曲是酿酒过程中的重要环节。纵观世界各国用谷物原料酿酒的历史，可以发现酿酒方式有两种，一种是利用谷物发芽时产生的酶将原料本身糖化成糖分，再用酵母菌将糖分转变成酒精（如啤酒）；另一种是将发霉的谷物制成酒曲，用酒曲中所含的酶制剂将谷物原料糖化发酵成酒。白酒酿造采用的就是第二种方式，这个过程主要是将淀粉转化成葡萄糖。

3. 发酵

配料、蒸粮、糖化、发酵、蒸酒等生产过程都采用固体状态流转酿制而成的白酒，才能称为固态发酵白酒。发酵其实就是将上一阶段生成的糖发酵转化成酒精的过程。

4. 蒸馏

靠发酵产生的酒精度数其实是很低的，为了提高酒精度数，一般还要进行蒸馏提纯。蒸馏提纯主要采用甑桶做容器(半固态法除外)进行缓慢蒸馏，还可采取将黄水、酒尾倒入锅底进行蒸馏等措施。经过蒸馏操作后，得到的原酒酒精度数一般比较高，不同批次的原酒的质量、风格均不相同，需要分批存放。

5. 陈酿

陈酿也叫老熟，大家说的"酒是陈的香"，就是指经过"陈酿"的酒。经过蒸馏的高度原酒只能算半成品，味道辛辣、不醇和，只有在特定环境中贮存一段时间使其自然老熟，才能使酒体绵软适口，醇厚香浓。贮酒容器最好是陶坛，更大的贮存容器可用不锈钢等作材质，尽量不采用金属铝质容器。贮酒应采用自然老熟，禁止用催化剂等化学方法催陈。

6. 勾兑

尽管行业内有人为了避免消费者误解将这一过程称为"勾调"，但需要强调的是，这里说的勾兑和"三精一水"的勾兑完全不同的。这里的勾兑是指，允许用不同轮次和不同等级的酒及各种调味酒进行勾调，不允许配加混合香酯和非白酒发酵的香味物质。从酒甑中蒸馏出的原酒(也叫基酒)酒精含量一般在 70% vol～85% vol，这种原酒由于生产批次和蒸馏批次不同，酒的味道、风格并不统一，是无法直接饮用的，为了统一口味、协调香味、降低酒精度数、便于消费者饮用，常见的做法就是"勾兑"。

7. 灌装

勾兑后的成品酒经过检验合格后，方能灌瓶贴标，然后就可以进入市场和消费者见面了。

（三）白酒的口感

第一个是香。很多白酒都有这个特点，开瓶就能闻到淡淡的酒香，小抿一口，满嘴酒香；有的白酒喝完以后，会出现空杯留香的情况；有的白酒喝完后，空杯倒扣，甚至还会出现隔夜都能够闻到酒香的情况。

第二个是绵。有的白酒入口辛辣烈，下喉如刀割，肚里一团火；也有的白酒入口绵柔，下喉顺滑，到肠胃后不会使人难受。口感绵柔对很多饮酒者来说非常重要，是评价白酒是否好喝的因素之一。

第三个是甜。有人说酒是辛辣的，怎么会有甜味呢？其实有的好酒，或者年份久的白酒，喝的时候能品出一丝丝甜味。

第四个是净。有的白酒，喝过之后很"黏口"。有的白酒十分爽滑，喝过之后，嘴里很"干净"，没有"残留"的感觉。

第五个是厚。有的白酒，喝过之后感觉很"寡淡"，又像无根浮萍，四处飘散。有的白酒，喝过之后，后味比较好，有"回味"的感觉，厚味宜人。

第六个是纯。也有用"正"来形容。白酒入口后，味道比较纯，没有乱七八糟的杂味，使人喝着比较舒服。也有人说，纯是用来区分纯粮食酒和勾兑酒的。

第七个是醇。这个醇，是说白酒的味道很均匀，没有出现断层、分层的感觉。有的白酒入口感觉很好，还没咽下去，口感就变差了，这就是味道出现断层了。

第八个是不口渴。有的白酒喝过之后，半夜口渴难受，要起来找水喝。而有的白酒，喝过以后,半夜不口渴,能让饮者安稳睡好觉。

第九个是不上头。不上头也叫作"不伤头",即喝过白酒以后不头疼,醒酒速度快,醒后不难受,不影响饮者第二天的状态。这是评价一款酒是否好喝的关键因素之一。

(四)茅台酒的概述

贵州茅台酒是一张香飘世界的"中国名片",是中国民族工商业率先走向世界的代表。1915年,茅台酒荣获美国"巴拿马万国博览会"金奖,初次登上世界的舞台,并在一个世纪以来,先后荣获各种国际金奖。贵州茅台酒与法国的科涅克白兰地、英国的苏格兰威士忌并称世界三大(蒸馏)名酒,被尊为中国"国酒"。茅台酒也是我国大曲酱香型白酒的鼻祖和典型代表。其酒质晶亮透明,微有黄色,酱香突出,令人陶醉。敞杯不饮,香气扑鼻;开怀畅饮,满口生香;饮后空杯,留香持久不散。茅台酒的独特风味是由酱香、窖底香、醇甜三大特殊风味融合而成,口味幽雅细腻,酒体丰满醇厚。茅台酒的品类众多,现已有300余种。

按酒质区分,贵州茅台酒可以分为以下几种 。

(1)普茅:普茅是指传统款茅台酒,主商标是贵州茅台酒,分"五星"和"飞天"两种标识,两种标识的酒质是完全一样的。

(2)微调酒:礼宾茅台、生肖茅台等。

(3)小批量勾调酒:红星闪烁茅台、卡慕系列茅台等。

(4)珍品酒质:纸珍茅台、木珍茅台。

(5)陈酿酒质:精品茅台、国宴茅台。

(6)特质陈酿:贵宾特质茅台、成龙特质茅台。

(7)年份酒:陈年茅台十五年、陈年茅台三十年、陈年茅台五十年、陈年茅台八十年。

茅台酒是中国大曲酱香型酒的鼻祖，被尊称为"国酒"。它具有色清透明、酱香突出、醇香馥郁、幽雅细腻、入口柔绵、清冽甘爽、酒体醇厚丰满、回味悠长、空杯留香持久的特点，人们把茅台酒独有的香味称为"茅香"，是中国酱香型风格白酒的典型。

茅台酒液纯净透明、醇馥幽郁的特点，是由酱香、窖底香、醇甜三大特殊风味融合而成，现已知香气组成成分达 300 余种，时人赞誉"风味隔壁三家醉，雨后开瓶十里香"。

茅台酒香而不艳，在酿制过程中从不加半点香料，香气成分全是在反复发酵的过程中自然形成的。它的酒精度数一直稳定在 52% vol～54% vol，曾是中国名品白酒中度数最低的。茅台酒具有饮后喉咙不痛、不上头、消除疲劳、安定精神等特点。

四、任务分组

学生任务分配表

班级		组号		指导教师	
组长		学号			
	姓名	学号		姓名	学号
组员					
任务分工					

五、任务实施

任务工作单

组号：＿＿＿＿＿＿＿　　　姓名：＿＿＿＿＿＿＿　　　学号：＿＿＿＿＿＿＿

引导问题：

(1)茅台酒为什么成为国酒？

(2)茅台酒酿造工艺的特点是什么？

(3)通过品酒，怎样区分酒的品质？

_____

_____

_____

_____

_____

_____

_____

_____

_____

_____

_____

_____

_____

_____

_____

_____

_____

_____

六、评价反馈

个人自评表

组号：_____ 姓名：_____ 学号：_____ 班级：_____ 组名：_____ 日期：____年__月__日

多彩贵州研学旅行课程资源

评价指标	评价内容	分数	分数评定
信息检索	能有效利用网络、图书资源、字典查找相关信息等	5分	
感知课堂生活	熟悉、认同课堂学习氛围； 在学习中能构建课堂生态文化	5分	
参与态度	能积极主动与教师、同学交流,相互尊重、理解； 与教师、同学之间能够保持多向、丰富的信息交流	15分	
	能处理好合作学习和独立思考的关系,做到有效学习； 能提出有意义的问题或能发表个人见解	15分	
知识、能力获得	简述白酒的分类； 了解白酒的口感； 掌握茅台酒的酿造工艺	35分	
思维态度	能发现问题、提出问题、分析问题、解决问题	10分	
自评反馈	能按时保质完成任务； 能较好地掌握知识点； 具有较强的信息分析能力和理解能力； 具有较为全面严谨的思维能力,并能条理清晰地表达成文	15分	
自评分数			
有益的经验和做法			
总结反馈建议			

组内互评表

组号：_____　姓名：_____　学号：_____　　　　　　　日期：____年__月__日

验收组长			
验收成员			
验收资料清单	（被验收人完成的任务工作单）		
评价指标	评价内容	分数	分数评定
参与态度	该同学能积极主动与教师、同学交流，相互尊重、理解；与教师、同学之间能够保持多向、丰富的信息交流	15分	
	该同学能处理好合作学习和独立思考的关系，做到有效学习；能提出有意义的问题或能发表个人见解	15分	
知识、能力掌握评价	组内成员能掌握酒文化的概念；组内成员能掌握白酒的分类	30分	
	组内成员能掌握茅台酒的品牌故事；组内成员能掌握茅台酒的酿造工艺	40分	
评价分数			
有针对性的改进建议			

项目三　科技文化——中国天眼的概述

思考:外太空真的有外星人吗? 如果有,我们怎样和他们对话呢?

一、学习目标

1. 知识目标

(1)了解"天眼"。

(2)掌握"天眼"的作用。

(3)掌握修建"天眼"的意义。

2. 能力目标

掌握"天眼"的作用。

3. 思政目标

在当今世界的大变局下,依托"天眼"的先进技术条件,瞄准科学前沿加强国际合作,聚集顶尖科技人才,打造高端可视平台,天眼的修建标志着我国天文学跻身世界一流水平。作为学生要从小立下推动祖国天文学跻身世界一流水平的梦想,为科技强国做出贡献。

二、任务分析

1. 重点

掌握"天眼"的作用。

2. 难点

掌握修建"天眼"的意义。

三、任务描述

（一）"天眼"的概念

"中国天眼"，即 500 米口径球面射电望远镜(Five-hundred-meter Aperture Spherical radio Telescope，FAST)，是中国科学院和贵州省人民政府共建的国家"十一五"重大科技基础设施建设项目，项目采用我国科学家独创的设计，依托贵州南部喀斯特洼地稳定而独特的地形条件，建设一个高灵敏度的巨型射电望远镜。FAST 是世界上正在建造及计划建造的口径最大、最具威力的单天线射电望远镜，与号称"地面最大的机器"的德国波恩 100 米望远镜相比，灵敏度提高约 10 倍；与排在阿波罗登月之前、被评为人类 20 世纪十大工程之首的美国阿雷西博 305 米望远镜相比，其综合性能提高约 10 倍。FAST 项目由中国科学院国家天文台主持，全国 20 余所大学和研究所共同参与，经过长达 12 年的工程选址和对 1000 余个洼地比选，最终确定贵州省黔南布依族苗族自治州平塘县大窝凼洼地为 FAST 台址。FAST 项目于 2007 年 7 月 10 日国家发展和改革委员会批准立项，2008 年 12 月 26 日奠基，2011 年 3 月 5 日正式开工建设，项目概算总投资 6.67 亿元，主要有台址勘察与开挖、主动反射面、馈源支撑、测量与控制、接收机与终端、观测基地建设 6 项建设内容，建设周期 5.5 年。2016 年 9 月 25 日该项目正式落成启用，该科技基础设施进入试运行、试调试工作。2020 年 1 月 11 日，该项目通过中国国家验收工作，并正式开放运行。

（二）"天眼"的作用

天眼又叫射电望远镜，是指观测和研究来自天体的射电波的基本设备，可以测量天体射电的强度、频谱及偏振等量。射电望远镜通常采用大型抛物面天线，类似于用于跟踪卫星和空间探测器通信的设备。它们可以单独使用，也可以以电子方式排列在一起。与光学望远镜不同，射电望远镜既可以在白天使用，也可以在晚上使用。同时，根据《法思特(FAST)项目贵州省配套设施建设总体规划》，贵州省配套建设了旅游专项规划项目"平塘国际射电天文科学旅游文化产业园"。文化产业园按照城市综合体和国家5A级旅游景区建设标准，突出天文科考主题特色，围绕"天文科学教育基地、国际天文文化体验区、地质生态旅游创新示范区、区域性旅游集散中心、国际天文旅游小镇"五大目标，建设集天文科学、宇宙探秘、旅游度假、文化交流为一体的国际射电天文旅游目的地。星辰主题酒店、中轴迎宾广场、法思特(FAST)游客服务中心、天文体验馆、园区路网和桥梁等一期建设项目已全部建成并投入使用。

（三）"天眼"的意义

依托"天眼"的先进技术条件，瞄准科学前沿加强国际合作，聚集顶尖科技人才，打造高端科技平台，为我国天文学跻身世界一流水平和建设世界科技强国做出贡献。

"天眼"的意义主要体现在以下几个方面。

（1）能把中国空间测控能力由地球同步轨道延伸至太阳系外缘，将深空通讯数据下行速率提高100倍。

（2）脉冲星到达时间测量精度由120 ns提高至30 ns，成为国际上最精确的脉冲星计时阵，为自主导航这一前瞻性研究制作脉冲星钟。

（3）进行高分辨率微波巡视，以1 Hz的分辨率诊断识别微弱的空间讯号，作为被动战略雷达为国家安全服务。

（4）基于FAST的强大功能，如果银河系内存在外星人，他们的信息就很可能被发现。国际科研项目"搜寻外星人计划"（SETI）的首席科学家丹·沃西默向中方提出，希望在FAST加装设备，可合作搜索宇宙中外星人信号。

四、任务分组

学生任务分配表

班级		组号		指导教师	
组长		学号			
组员	姓名	学号	姓名		学号
任务分工					

五、任务实施

任务工作单

组号：_____   姓名：_____   学号：_____

引导问题：

(1)"天眼"为什么修建在贵州？

(2)修建"天眼"有什么作用？

(3)"天眼"给贵州乃至我国带来什么影响？

六、评价反馈

个人自评表

组号：_____ 姓名：_____ 学号：_____ 班级：_____ 组名：_____ 日期：____年__月__日

评价指标	评价内容	分数	分数评定
信息检索	能有效利用网络、图书资源、字典查找相关信息等	5分	
感知课堂生活	熟悉、认同课堂学习氛围； 在学习中能构建课堂生态文化	5分	
参与态度	能积极主动与教师、同学交流，相互尊重、理解； 与教师、同学之间能够保持多向、丰富的信息交流	15分	
	能处理好合作学习和独立思考的关系，做到有效学习； 能提出有意义的问题或能发表个人见解	15分	
知识、能力获得	知晓什么是"天眼"	15分	
	能够说出"天眼"的作用； 能够说出"天眼"的意义	20分	
思维态度	能发现问题、提出问题、分析问题、解决问题	10分	
自评反馈	能按时保质完成任务； 能较好地掌握知识点； 具有较强的信息分析能力和理解能力； 具有较为全面严谨的思维能力，并能条理清晰地表达成文	15分	
自评分数			
有益的经验和做法			
总结反馈建议			

组内互评表

组号：_____ 姓名：_____ 学号：_____   日期：____年__月__日

验收组长	
验收成员	
验收资料清单	（被验收人完成的任务工作单）

评价指标	评价内容	分数	分数评定
参与态度	该同学能积极主动与教师、同学交流,相互尊重、理解； 与教师、同学之间能够保持多向、丰富的信息交流	15 分	
	该同学能处理好合作学习和独立思考的关系,做到有效学习； 能提出有意义的问题或能发表个人见解	15 分	
知识、能力掌握评价	组内成员能了解什么是天眼； 组内成员能知道天眼的具体作用	30 分	
	组内成员能知道天眼对中国的意义； 组内成员能知道天眼对贵州的意义	40 分	
评价分数			

有针对性的改进建议	

本书配套数字资源的获取与使用

本教材配套数字资源已上线超星学习通数字教材,师生可通过学习通获取本书配套的 PPT 课件、微课视频、在线测验、拓展资料等。

下载学习通,注册并登录

首页➡应用中心➡数字教材➡搜索教材名称

教师端

教师建课➡学生扫码进班➡开展混合式教学

ISBN	978-7-5680-9666-9
版次	2024年7月第1版
定价	免费

简介

　　本在线资源是华中科技大学出版社出版的《多彩贵州研学旅行课程资源》活页式教材的补充学习资源。

　　《多彩贵州研学旅行课程资源》包含丰富的研学

教师建课　　学生学习

学生端

学生学习➡选择自学或加入班级

ISBN	978-7-5680-9666-9
版次	2024年7月第1版
定价	免费

简介

　　本在线资源是华中科技大学出版社出版的《多彩贵州研学旅行课程资源》活页式教材的补充学习资源。

　　《多彩贵州研学旅行课程资源》包含丰富的研学

教师建课　　学生学习

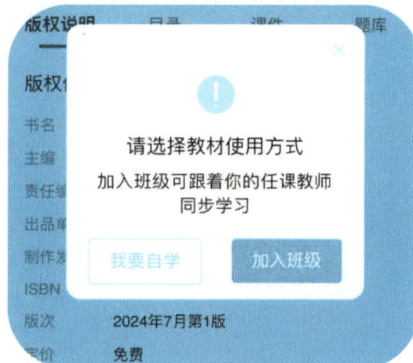